Classic
COOKING

COLLECTION
ROLF HEYNE

ELISABETH LUARD

DIE
SPANISCHE
KÜCHE

ÜBER 100 KLASSISCHE REZEPTE

COLLECTION ROLF HEYNE

FÜR MEINE GELIEBTE FRANCESCA,
DIE DIE SCHÖNEN DINGE DES LEBENS LIEBTE
1965–1994

Die englische Originalausgabe erschien 2006 unter dem Titel
Classic Spanish Cooking bei
MQ Publications Ltd., London
Copyright © 2006 MQ Publications Limited
Copyright Text © 2006 Elisabeth Luard
Copyright Illustrationen © 2006 Elisabeth Luard

www.collection-rolf-heyne.de

Copyright © 2006 der deutschsprachigen Ausgabe by
Collection Rolf Heyne GmbH & Co. KG, München

Übersetzung: Dr. Marion Pausch
Satz und Redaktion: Christiane Manz
für bookwise GmbH, München

Printed and bound in China

ISBN: 3-89910-344-0

Inhalt

Einführung

Hinter den spanischen *costas* mit ihren Touristenhochburgen, den Mittelmeerstränden, den vierspurigen Autobahnen und den Hotelkomplexen können aufmerksame Besucher ein älteres Spanien entdecken. Hier folgen die Straßen dem Verlauf der Täler und führen zu Bergdörfern inmitten von Olivenhainen, die einst die Römer pflanzten. In der Ferne blinken auf dem Meer die Lichter von Fischerbooten; sie laufen nachts aus alten Häfen aus, deren Piere vielleicht schon phönizische Seeleute zimmerten. An den terrassierten Hügeln lassen sich Jahrhunderte sorgfältiger Bewirtschaftung ablesen, auf der, ebenso wie auf den fruchtbaren Böden, die kulinarischen Traditionen eines von der Natur ohnehin verwöhnten Landes und Volkes basieren.

Die Spanier lieben Gerichte mit unverfälschtem Aussehen und Geschmack. Fleisch wird bevorzugt im eigenen Saft geschmort, Fisch und Meeresfrüchte sollen auch nach Meer schmecken, Gemüse und Salate sind nicht bloße Beilagen. Zum Kochen verwendet man frisches, unbehandeltes Olivenöl, als Garflüssigkeiten dienen ferner Wasser oder Wein, Knoblauch ist das Gewürz der Wahl. Die wichtigsten Kochutensilien sind Töpfe, Pfannen und die *cazuela*, ein flaches irdenes und hitzebeständiges Gefäß. Man kocht gern

auf großer Flamme – eine Ausnahme wird nur beim Brot-
backen gemacht. Die *plancha,* ein schweres, von unten
beheiztes Eisenblech, gehört zum Standardzubehör jedes
Herdes. Sie wird ähnlich wie ein Grill zum kurzen Anbraten
von Meeresfrüchten, zum Braten von Steaks und Eiern
sowie zum Rösten von Brot benutzt.

Das spanische Essen beginnt auf dem Marktplatz – das
machten mir meine Nachbarn in den 1970er Jahren
unmissverständlich klar, als ich mit meiner Familie in ein
abgelegenes andalusisches Tal zog und mit meinen vier
Kindern und einem Einkaufskorb zum Markt von Tarifa
wanderte. Spanierinnen diskutieren gern darüber, was sie
zum Abendessen kochen, und geben, sofern man sie
versteht, auch jederzeit kostenlose Ratschläge. Dies galt
besonders für mich als junge Mutter, denn ich genoss zwar
Hochachtung, weil ich so gut Spanisch sprach wie die
Einheimischen; dafür wusste ich aber nichts über die
wichtigen Kleinigkeiten des Alltags – etwa wie man es
schafft, dass der Gemüseverkäufer vorteilhaft auswiegt, die
Fischverkäuferin einem keine Sardinen von gestern
andreht und die Händlerin zwischen ihren süßen wilden
Spargel nicht ein paar bittere Stangen steckt.

Um zehn Uhr morgens wusste ganz Tarifa, die südlichste Hafenstadt der Iberischen Halbinsel, was an diesem Tag auf den Tisch kommen sollte. Waren beim Schlachter Jungrinder von den Züchtern aus Cádiz eingetroffen, würden die Kochtöpfe der Stadt die Luft am Abend mit dem Duft von Kutteln und Innereien füllen, die man mit arabischen Gewürzen zubereitete – das Fleisch selbst ließ sich ja problemlos länger aufbewahren. Brachten die Fischerboote eine schöne Ladung silbrig glitzernder Sardinen oder violetter Kammmuscheln mit, oder zogen im Frühjahr große Schwärme von Thunfischen – mächtigen Tieren mit grauer Haut – durch die Straße von Gibraltar, dann stieg aus den Bratpfannen der Duft nach Meer auf, vermischt mit jenem des Sherry, in dem die Muscheln köchelten, und des üppigen fruchtigen Olivenöls, das die Spanier, wann immer sie seiner habhaft werden, zum Braten und Zubereiten von Saucen für die Schätze aus dem Meer benutzen.

Die Geografie bestimmt, was in den Vorratskammern lagert. Das Klima der Iberischen Halbinsel ist überwiegend mild, in den meisten Gegenden fällt genug Regen und scheint die Sonne lange genug, um das ganze Jahr zu säen und zu ernten. Beinahe ist Spanien eine Insel – mit einem ausgewogenen Anteil an Bergen, Flüssen, Ebenen und einer langen Küste, die zugleich als Vorratskammer und als Verbindungsstraße dient. Ein schmaler, hoher Gebirgszug schützte die Spanier vor Invasionen aus dem Norden, während das Kernland nach Süden hin zum Teil durch hohe Klippen geschützt war. Die natürlichen Schranken erlaubten es den Einheimischen, sicher und auf sich selbst gestellt in ihren Bergen und Ebenen zu leben, bis Anfang des 8. Jahrhunderts über die Meerenge, die das westliche Europa von Afrika trennt, die Mauren vordrangen, Muslime, deren Armeen die gesamte europäische Christenheit bedrohten. Zwar gelang es, sie zurückzudrängen, doch in Andalusien sollten sie sich sieben Jahrhunderte halten. Als sie Granada, ihre letzte Bastion, aufgeben mussten, hatte das Volk, unter dem sie so lange gelebt hatten, die Vorliebe für süßes Naschwerk ebenso übernommen wie die Kunst, feines Gebäck herzustellen, und die Begeisterung für Gewürze – so sehr, dass Isabella von Kastilien letztlich ihren Schmuck verkaufte, um Kolumbus' Schiffe auszurüsten.

Qualität spielt eine wichtige Rolle: Die Reichen essen seit jeher dasselbe wie die Armen, nur in größeren Portionen. Selbst im ärmsten Haushalt bewahrt man übers Jahr ein Stück *pata-negra*-Schinken oder süßen *turrón* mit Mandeln und Honig auf, um sie an Weihnachten zu servieren. Die Rezepte sind stark regional geprägt – kein Katalane kann sich vorstellen, dass jemand außerhalb Kataloniens eine *fideuà* zubereiten kann, genau wie kein Valencianer einem Bewohner Kastiliens zutraut, ordentliche Paella zu kochen. Doch der Kochstil selbst verbindet das gesamte Land. Man respektiert die Tradition, und selbst der kreativste Küchenchef greift auf das zurück, was er als Kind gelernt hat.

Lange Zeit nutzten die spanischen Köche ihre sichere Lage im Schutz der Pyrenäen, fernab von den wechselnden Moden im übrigen Europa, um ihre eigenen Zutaten und kulinarischen Gewohnheiten zu kultivieren. Neues und Fremdes interessierte sie wenig. Daran hatte sich kaum etwas geändert, als nach der Vertreibung der Mauren Tomaten, Paprika, Kürbisse, Mais, Schokolade, Kartoffeln, Vanille und Bohnen aller Art aus der Neuen Welt kamen. Erst als in den 1980er Jahren die durch das Franco-Regime gekennzeichnete alte Ordnung der Demokratie Platz machte, hielt auch ein neuer Wohlstand Einzug. Mit ihm stieg eine Generation kreativer, belesener und gut ausgebildeter Küchenchefs auf, die anstelle von Kochlöffeln Reagenzgläser schwangen. Ihre Ideen fanden in den Restaurants von Barcelona und Madrid Anklang, strahlten von dort auf Bilbao und Sevilla sowie all die anderen Großstädte aus, in denen die Leute die schönen Dinge des Lebens zu schätzen wissen. Die spanische Küche insgesamt wurde dadurch vielleicht etwas leichter, wenngleich niemand die ausgefallenen Techniken zu Hause ausprobieren würde; doch das wäre auch albern. Ferran Adrià, der berühmteste Küchenchemiker Spaniens, fasste seine Mission letztes Jahr vor einem erlesenen Londoner Publikum anschaulich in Worte: »Wir müssen anders sein – niemand fährt hunderte von Kilometern und zahlt einen Haufen Geld für etwas, das er zu Hause bekommen kann.« Und dennoch sind es gerade die traditionellen Rezepte – die Rezepte, die jeder von zu Hause kennt und die jedem einfallen, der sich Gedanken über das Abendessen macht –, von denen sich die Küchenchefs der neuen Welle inspirieren lassen.

Spanische Köche sind pragmatisch. Sie orientieren sich am Angebot und reagieren eher darauf, als streng nach dem Rezept zu kochen. Dafür ist die Hälfte der Arbeit aber auch erledigt, wenn die Auswahl einmal getroffen wurde. Wer Essen so zubereiten will, dass es aussieht, sich anfühlt und schmeckt wie auf dem Markt, muss alle Hemmungen verlieren – die Spanier lieben es, zu naschen und zu testen; niemand wäre so verrückt, etwas zu kaufen, ohne es probiert zu haben. Die nachfolgenden Rezepte enthalten keine Fantastereien, keine schwer zu beschaffenden Zutaten, höchstens ein paar Chorizos und eine Hand voll Serranoschinkenwürfel, aber nichts, was man nicht durch etwas anderes ersetzen könnte. Falls Ihnen die Rezepte gefallen, haben Sie vielleicht Lust, einige Tricks zu lernen – wie man zum Beispiel eine Tortilla stürzt oder eine *croqueta* formt – Tricks, die man mit etwas Übung mühelos perfektioniert.

Hier sind sie also, die klassischen Gerichte der traditionellen spanischen Küche, gute Dinge, die einfach schmecken und zum Teil vielleicht ein wenig überraschen. Alle sollen jedoch glücklich machen, denn *alegría,* Freude, die wunderbare Mischung aus Sonnenschein, Brot, Wein und nicht zuletzt guter Gesellschaft, ist das Wesen Spaniens.

Tapas

almendras tostadas

GERÖSTETE MANDELN

Die Mauren pflanzten in die Gärten der Alhambra von Granada Mandelbäume aus dem Jordantal, und das christliche Spanien wusste das Geschenk zu schätzen. Man kann geröstete Mandeln heute auch fertig kaufen – doch warm aus dem Ofen sind sie noch unwiderstehlicher. Bereiten Sie sie am besten ganz frisch zu.

Für 8–10 Personen

500 g ungeschälte Mandeln
1 EL Olivenöl
1 TL Salz
1 Eiweiß, mit der gleichen Menge Wasser aufgeschlagen
1 EL *pimentón dulce* (oder edelsüßes Paprikapulver)
1 TL gemahlener Koriander
1 TL gemahlener Kreuzkümmel

1 Den Backofen auf 180 °C vorheizen. Die Mandeln mit kochendem Wasser überbrühen und aus der Schale drücken, sobald das Wasser kühl genug ist (meine Kinder mochten diese Arbeit genauso gern wie das Ergebnis).

2 Die geschälten Mandeln auf ein geöltes Backblech legen und dieses rütteln, bis alle mit einem Ölfilm überzogen sind. Die Mandeln mit Salz bestreuen und 15 bis 20 Minuten rösten, bis sie goldbraun sind. Regelmäßig rütteln, damit sie nicht anhaften, und nicht zu dunkel werden lassen. Eine perfekt geröstete Mandel quietscht, wenn man hineinbeißt. Sie können sie auch doppelt so lange bei halber Temperatur rösten; wichtiger als die Temperatur ist ein wachsames Auge.

3 Etwas abkühlen lassen, dann mit Eiweiß bestreichen, damit das Salz besser haftet. Mit den Gewürzen bestreuen, schütteln und erneut kurz in den Ofen schieben. Abkühlen lassen und in einer Dose luftdicht aufbewahren.

aceitunas aromatisadas

GRÜNE OLIVEN MIT KRÄUTERN UND GEWÜRZEN

Eine einfache Methode, um gekauften Oliven ein Aroma wie hausgemacht zu verleihen. Klappt besonders gut mit den großen grünen Sevilla-Oliven.

✦

Für 8–10 Personen

500 g in Salzlake eingelegte grüne Oliven
3–4 ungeschälte Knoblauchzehen, grob gehackt
1 TL getrockneter Thymian
1 TL Anis- oder Fenchelsamen
1 bittere Sevilla-Orange oder 1 Zitrone
3–4 EL Sherry oder Weißweinessig

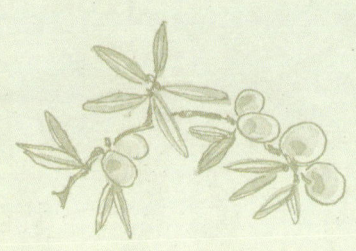

1 Etwa 1 Liter Wasser zum Kochen bringen und abkühlen lassen. Die Oliven abtropfen lassen und mit Knoblauch, Thymian und Samen mischen.

2 Eine dicke Scheibe aus der Mitte der Orange oder der Zitrone schneiden und beiseite legen, den Rest der Frucht komplett mit Schale aufschneiden.

3 Die klein geschnittene Frucht unter die Oliven mischen, alles in ein gründlich gereinigtes, ausgekochtes Glasgefäß geben.

4 Sherry oder Weißweinessig und so viel Wasser zufügen, bis die Oliven bedeckt sind. Die Orangenscheibe darauflegen und leicht nach unten drücken, so dass alle Oliven mit Flüssigkeit bedeckt sind.

5 Das Glas fest verschließen und mindestens 1 Woche im Kühlschrank ruhen lassen, damit sich das Aroma entfaltet. Im Kühlschrank sind die Oliven 3 bis 4 Wochen gut haltbar.

TIPP Wählen Sie nach Möglichkeit spanische Olivensorten wie Manzanillas, Gordal oder Reina.

setas a la parilla

GEGRILLTE PILZE MIT KNOBLAUCH UND PETERSILIE

Basken und Katalanen sind die Pilzzüchter Spaniens. In den Wäldern und auf den Feldern des nördlichen Hochlandes wächst eine erstaunliche Vielzahl wilder Pilze, darunter Steinpilze, Pfifferlinge, Austernpilze und mehrere essbare Mitglieder der amanita-Familie. Im Spätsommer kommen sie auf den Markt, wo man sie bis zum Wintereinbruch kaufen kann. Die beliebteste Sorte ist der Edelreizker, ein fleischiger Pilz, der in Kiefernwäldern wächst, einen milchigen Saft erzeugt und zu blauen Druckstellen neigt. Alle größeren Exemplare eignen sich für die Grillpfanne. Gibt es sie nicht wild, kann man große Zuchtpilze verwenden. Auf spanischen Märkten werden sie nach ihrem ersten Zuchtort unter dem Namen champignons de Paris verkauft.

Für 4 Personen

500 g große wilde oder gezüchtete Pilze
1 EL Olivenöl
Salz
2 Knoblauchzehen, fein gehackt
1 EL getrockneter Oregano
2 EL frische, fein gehackte Petersilie
frisch gemahlener schwarzer Pfeffer

1 Die Pilze vorsichtig schütteln, um etwaige »Bewohner« zu entfernen. Die Kappen abreiben, nicht waschen oder schälen. Die Stiele dicht unter dem Ansatz abschneiden.

2 Den Grill des Backofens (oder eine gusseiserne Pfanne) heiß werden lassen.

3 Die Pilze mit etwas Olivenöl beträufeln und leicht salzen. Mit der Kappe nach unten auf den von unten befeuerten Grill oder in die Pfanne legen. Bei einem Grill mit Oberhitze muss zuerst die Unterseite der Pilze gegrillt werden. Die Pilze bei starker Hitze grillen oder braten, bis sich Saft in den Lamellen sammelt.

4 Knoblauch, Oregano und Petersilie auf die Lamellen streuen, kräftig pfeffern und noch einige Minuten weitergrillen. Auf dicken Scheiben von geröstetem Sauerteigbrot servieren, um den Saft aufzufangen.

garbanzos tostados picantes

GERÖSTETE KICHERERBSEN MIT CHILI

Meine Kinder liebten diese knusprige, nussartige Knabberei, nur mit dem Chili musste ich sparsam umgehen. In den Dörfern Andalusiens werden sie zur Zeit der *ferias heiß* aus der Pfanne verkauft. Sie sind die gesalzenen Mandeln der kleinen Leute.

Für 8 Personen

**500 g getrocknete Kichererbsen, über Nacht
in kaltem Wasser eingeweicht
Olivenöl für das Blech
1 TL Chiliflocken oder getrocknete, zerstoßene Chilischoten
Meersalz**

1 Den Backofen auf 150 °C vorheizen. Die Kichererbsen gut
abtropfen lassen und in einem Tuch trocken schütteln.

2 In einer einzigen Schicht auf einem leicht geölten Backblech
verteilen. In den Ofen schieben und etwa 1 Stunde rösten,
bis sie trocken, knusprig und goldbraun sind. Regelmäßig am
Blech rütteln, damit sie nicht anhaften. Alternativ die Kichererbsen bei möglichst geringer Hitze trocknen. Vorsicht, sie
springen wie Popcorn.

3 Mit Chili und etwas Salz würzen. Möchten Sie die Kichererbsen
länger lagern, erst vor dem Servieren würzen. Für die
Aufbewahrung ein Gefäß mit gut schließendem Deckel verwenden.

patatas bravas

CHILIKARTOFFELN

Das scharfe Chiliöl macht die »mutigen Kartoffeln« feurig
wie einen Kampfstier. Von diesem Rezept existieren viele
Varianten – mit Tomatensauce mit Cayennepfeffer etwa; man
kann auch Chiliflocken nehmen. Dieses Rezept stammt aus der
Bar Tomás in Barcelona, wo jedermann gern zum Mittagessen
einkehrt. Beginnen Sie mindestens 1 Woche vorher mit der
Vorbereitung – die Chilis müssen ihre Schärfe und Farbe im
Öl entfalten.

Für 4 Personen

1 kleine Flasche Olivenöl (etwa 200 ml)
12 getrocknete Chilischoten
Salz
1 kg mehlige Kartoffeln, geschält und
in dicke Streifen geschnitten
Öl zum Braten

1 Den größten Teil des Olivenöls in ein Gefäß abgießen. Die Chilischoten in die Flasche geben und das restliche Öl wieder zugießen, bis die Flasche voll ist. Fest verschließen und mindestens 1 Woche stehen lassen.

2 Die Kartoffeln salzen und in einem Sieb etwa 10 Minuten abtropfen lassen. Schütteln, um überflüssige Feuchtigkeit zu entfernen. Nicht abbrausen.

3 Das Öl zum Braten in einer großen Pfanne stark erhitzen. Die Kartoffeln zufügen und braten, bis sie gar sind, dabei gelegentlich schwenken. Vom Herd nehmen und die Kartoffeln kurz abtropfen lassen. Das Öl noch einmal erhitzen, die Kartoffeln zugeben und erneut braten, bis sie knusprig und goldbraun sind.

4 Die Kartoffeln mit Chiliöl anrichten oder dieses separat zum Dippen reichen. Auch Knoblauchmayonnaise passt gut dazu.

hígados de pollo al vino de Jerez

HÜHNERLEBER MIT SHERRY

Einfach, preiswert und gut – mit Zutaten, die es auf jedem Markt gibt. In den Bars der Sherry-Region Andalusien, wo die Tapastradition ihre Ursprünge hat, ist dieses Gericht sehr beliebt. In Scheiben geschnittene Nieren, die kurz in Essigwasser gezogen haben, eignen sich genauso gut.

∽

Für 4 Personen

350 g Hühnerleber
2 EL Olivenöl
1 Knoblauchzehe, in feine Scheiben geschnitten
Salz und frisch gemahlener schwarzer Pfeffer
etwa 150 ml trockener Sherry, *fino* oder *manzanilla*
1 gehäufter EL frisch gehackte Petersilie

1 Die Hühnerleber von Sehnen und kleinen grünen Streifen befreien, die den Geschmack bitter machen; anschließend in große Stücke schneiden.

2 Das Öl in einer großen Pfanne sanft erhitzen, so dass sich kein Rauch bildet.

3 Die Knoblauchscheiben zufügen und kurz anschwitzen, dann die Leber dazugeben.

4 Leicht salzen und kräftig pfeffern, dann bei starker Hitze 3 bis 4 Minuten braten, bis die Leberstücke außen fest und innen rosa und weich sind und der Saft bis auf ein wenig ölige Sauce eingekocht ist.

5 Trockenen Sherry zufügen, mit Petersilie bestreuen und maximal 1 bis 2 Minuten aufkochen, bis der Dampf nicht mehr nach Alkohol riecht. Mit Brot zum Auftunken der Sauce servieren.

TIPP Braten Sie die Leber nicht zu lange, sonst wird sie zäh und verliert ihren zarten Geschmack.

albóndigas en salsa

HACKBÄLLCHEN IN TOMATENSAUCE

Leckere Fleischbällchen sind der sparsamen Hausfrau
Freund und Helfer. Sie sind billig, lassen sich in kleine
Portionen teilen und eignen sich deshalb perfekt als Tapa.
Die Menge der Semmelbrösel kann nach Bedarf variieren.
Man kann gemischtes Hackfleisch für Fleischbällchen auch
fertig kaufen, doch die meisten spanischen Hausfrauen wählen
lieber das Fleisch in der von ihnen gewünschten Kombination
und lassen es vom Metzger zweimal durch den Wolf drehen.

Für 4 Personen

SAUCE

500 g vollreife Tomaten (oder Dosentomaten)
2 EL Olivenöl
1 mittelgroße Zwiebel, fein gehackt
1 Knoblauchzehe, fein gehackt
1 milde Chilischote, Samen entfernt, fein gehackt
etwa 150 ml trockener Sherry oder Rotwein
1 kleine Zimtstange
1 Lorbeerblatt
Salz

FLEISCHBÄLLCHEN

350 g Hackfleisch, halb und halb gemischt
1 verquirltes Ei
100 g Semmelbrösel
1 Knoblauchzehe, sehr fein gehackt
1 mittelgroße Zwiebel, sehr fein gehackt
1 EL frisch gehackte Petersilie
1 TL gemahlener Kreuzkümmel
1 TL gemahlener Koriander
Salz und frisch gemahlener schwarzer Pfeffer

ZUM BRATEN

Mehl zum Panieren
2–3 EL Olivenöl

1 Zuerst die Sauce zubereiten. Wenn Sie frische Tomaten verwenden, diese überbrühen, einritzen, die Haut abziehen und hacken. In einem kleinen Kochtopf Öl erhitzen, Zwiebel und Knoblauch darin anschwitzen, bis sie weich sind und etwas Farbe bekommen. Tomaten, Chilischote, Sherry oder Rotwein und Zimtstange zufügen. Lorbeerblatt dazugeben und alles salzen. Kurz aufkochen, dann bei geringer Hitze einkochen lassen, während die Fleischbällchen zubereitet werden.

2 Alle Zutaten für die Fleischbällchen gut miteinander vermengen – je länger, desto besser. Die Masse mit feuchten Händen (stellen Sie eine Schüssel mit warmem Wasser bereit, um hinterher die Hände zu säubern) zu kleinen Bällchen formen. Mehl auf einen Teller geben und die Bällchen kurz darin wälzen.

3 Das Öl in einer großen Pfanne erhitzen, die Fleischbällchen hineingeben, braten und regelmäßig wenden, bis sie fest und auf allen Seiten leicht gebräunt sind. Die Tomatensauce zufügen, alles aufkochen und etwa 20 Minuten köcheln lassen, bis die Fleischbällchen zart sind. Mit knackigen Salatblättern als Fingerfood servieren.

TIPP Gehaltvoller wird die Mahlzeit, wenn Sie die Fleischbällchen mit Bauernbrot oder gekochtem Reis servieren.

croquetas de pollo

HÄHNCHENKROKETTEN

Croquetas *sind zweifellos etwas aufwändiger als andere Gerichte; wegen ihrer leckeren, außen krossen und innen cremigen Konsistenz lohnen sie aber die Mühe. Man benötigt Geduld und etwas Geschick, damit die Grundlage gelingt, eine dicke* panada *mit wohlschmeckender Brühe, die man ganz nach Geschmack mit Serranoschinkenwürfeln, Krebsfleisch, gehackten Garnelen oder geriebenem Käse kombinieren kann.*

Für 6 Personen

4 EL Olivenöl
125 g Mehl
600 ml heiße Hühnerbrühe
(aus dem *puchero*-Eintopf S. 190 oder frisch zubereitet)
Salz und frisch gemahlener schwarzer Pfeffer
1 TL gemahlener Piment
½ TL frisch geriebene Muskatnuss

PANADE
1 Teller Mehl
1–2 Eier, mit Wasser leicht verquirlt
1 Teller Semmelbrösel
Öl zum Braten

1 Das Öl in einem kleinen Topf erhitzen, das Mehl einrühren. Auf kleiner Flamme kurz rühren, bis die Masse sandig aussieht (nicht braun werden lassen). Die heiße Brühe gleichmäßig zugießen und rühren, bis eine sämige Sauce entsteht. Mit Salz, Pfeffer, Piment und Muskat abschmecken. Bei geringer Hitze die Masse etwa 10 Minuten schlagen. In einen breiten Suppenteller geben, abkühlen lassen, mit Frischhaltefolie abdecken und im Kühlschrank fest werden lassen (am besten über Nacht).

2 Die Masse zu Kroketten formen (stellen Sie eine Schüssel mit warmem Wasser zum Säubern der Finger bereit). Kroketten im Mehl wälzen, durch die Ei-Wasser-Mischung ziehen und in die Semmelbrösel drücken, bis jede Krokette auf allen Seiten von Panade umhüllt ist. Mindestens 1 weitere Stunde oder über Nacht kühlen, damit die Panade anhaftet. In diesem Zustand kann man die Kroketten auch gut einfrieren.

3 Vor dem Servieren so viel Öl in einer Pfanne erhitzen, dass die Kroketten vollständig bedeckt sind.

4 Wenn leichter blauer Rauch aufsteigt, ist das Öl heiß genug zum Frittieren. *Croquetas* direkt aus dem Kühlschrank ins Öl geben – jedoch immer nur wenige auf einmal, damit die Temperatur des Öls nicht zu stark sinkt. Platzt die Panade, ist das Öl zu heiß; werden die Kroketten nicht innerhalb von 1 Minute knusprig und fest, ist es zu kalt. Sobald die Kroketten braun und kross sind, mit einem Schaumlöffel aus dem Fett heben und auf Küchenpapier abtropfen lassen. Sofort möglichst heiß servieren.

pinchitos morunos

MAURISCHE FLEISCHSPIESSE

Lange Spieße mit kleinen Stückchen gewürztem Fleisch – und zwar ausschließlich Fleisch – tauchen höchstens in Touristenhochburgen auf der Speisekarte auf; zur feria-Zeit, während der alljährlichen Sommerfeste in spanischen Städten, sind sie jedoch eine Spezialität. Fliegende Händler mit knall-rotem Fez, einer Kopfbedeckung aus der Zeit der Mauren, garen die Spieße über einem kleinen Holzkohlefeuer. In meiner Heimatstadt Algeciras, unweit der Säulen des Herkules an der Südspitze Andalusiens, stellte sich der pinchito-Mann neben dem Bierkeller auf – Bier war das feria-Getränk schlechthin –, und bot seine pinchitos feil – die besten der Stadt. Die Spieße bestanden aus langen, stählernen Stricknadeln, die die Kunden auf Ehre und Gewissen zurückzugeben hatten.

Für 6–8 Personen

500 g Lamm- oder Schweinefleisch
2 EL Olivenöl
1 TL gemahlener Kreuzkümmel
1 TL gemahlener Koriander
1 TL *pimentón dulce* (oder edelsüßes Paprikapulver)
1 TL Kurkuma
½ TL Salz
½ TL frisch gemahlener schwarzer Pfeffer

ZUM SERVIEREN
Baguette- oder Ciabattawürfel

1 Das Fleisch von allen noch vorhandenen Sehnen befreien und in mundgerechte Stücke schneiden.

2 Das Öl mit den Gewürzen mischen und das Fleisch darin einlegen. Über Nacht an einem kühlen Ort marinieren, damit das Fleisch das Aroma der Gewürze aufnimmt.

3 Das Fleisch auf acht Bambus- oder dünne Metallspieße stecken – pro Spieß sechs oder sieben Würfel. Die Bambus- spieße zuvor 30 Minuten in Wasser einweichen, damit sie beim Grillen nicht verbrennen.

4 Den Grill vorheizen.

5 Das Fleisch bei starker Hitze grillen, dabei die Spieße häufig wenden, bis das Fleisch braun, aber noch saftig ist. Mit Spieß servieren; zuvor auf das Ende der Spieße Brotwürfel stecken, damit sich das Fleisch abstreifen lässt, ohne dass man sich die Finger verbrennt.

Echte, unverfälschte spanische Gerichte sind auf ihre Weise ausgezeichnet – niemand kann sich lächerlich machen, solange er nicht versucht, etwas zu sein, was er nicht ist ... Der Ruin der spanischen Köche ist der sinnlose Versuch, fremde Köche zu imitieren.

Richard Ford, *Gatherings from Spain*

sardinas a la parilla

GEGRILLTE SARDINEN

Dies ist die beliebteste Art, die feinen, fetten Sardinen zuzubereiten, die von den Küstenflotten an Land gebracht werden. Frisch gefangene Sardinen schimmern in allen Regenbogenfarben – Grün, Türkis und Rot auf silbernen Flanken –, und ihre Augen sind glänzend und hell. Schuppen Sie die Fische nicht, bevor Sie sie grillen: Die Schuppen und das natürliche Öl in der Haut verhindern, dass die Fische am Grillrost anhaften.

Für 4–6 Personen

**1 kg frische Sardinen, im Ganzen
Meersalz**

ZUM SERVIEREN
Zitronenviertel

1 Grill oder Gusseisenplatte vorheizen. Spanische Köche verwenden eine von unten beheizte Stahlplatte.

2 Die Sardinen ausnehmen, ohne die Köpfe und die Schwänze abzutrennen – dazu einfach mit dem Zeigefinger durch die weichen Bäuche fahren. Die Fische abbrausen, um lose Schuppen zu entfernen. Kräftig salzen.

3 Fische auf den Grill oder die Platte legen und kräftig braten; dabei einmal wenden, bis die Haut schwarze Blasen wirft. Je dicker ein Fisch ist, desto länger braucht er; 3 bis 4 Minuten pro Seite reichen aber in der Regel.

4 Als Tapa pro Person einen Fisch mit einem Zitronenviertel reichen. Zum Essen Fisch am Schwanz nehmen, den Kopf mit der anderen Hand festhalten und die Filets mit den Zähnen von den Gräten ziehen. Kein normaler Mensch isst eine gegrillte Sardine mit Messer und Gabel. Die Finger an Brot abwischen.

TIPP Achten Sie beim Kauf darauf, dass die Sardinen glänzende Augen und eine schimmernde, silbrige Haut haben, von der die Schuppen noch nicht entfernt wurden. Machen Sie den Drucktest: Das Fleisch sollte fest, aber elastisch sein.

boquerones en vinagre

FRISCHE SARDELLEN, IN ESSIG EINGELEGT

Frisch aus dem Netz sehen Sardellen aus wie kleine, schmale Sardinen. Wer jedoch genau hinschaut, entdeckt einen dunklen Streifen an den Flanken, einen grünlichen Schimmer auf dem Rücken und keine Schuppen, denn diese sind, anders als bei Sardinen, bei Sardellen winzig klein. Beide Fischarten kommen in der Region häufig vor, sie sind die Haupterwerbsquelle für die Küstenfischer, die sie schnell und preisgünstig auf dem morgendlichen Fischmarkt verkaufen. Wegen ihres natürlichen Fettgehaltes und der geringen Größe müssen die Fische rasch verbraucht werden, wenn man sie nicht einsalzt oder auf andere Weise konserviert. Etwas haltbarer werden sie schon, indem man sie in Salz oder Essig oder – wie hier – in beidem einlegt. Beginnen Sie 48 Stunden vor dem Servieren.

Für 4–6 Personen

500 g frische Sardellen
150 ml Sherry- oder Weißweinessig
1 EL Meersalz
2–3 Knoblauchzehen, fein geschnitten

ZUM GARNIEREN
1 EL Olivenöl
frisch gehackte glatte Petersilie

1 Sardellen abspülen und sorgfältig trocken tupfen. Finger durch den Fischbauch schieben und dabei das Fleisch von den Gräten lösen. Kopf fest mit Daumen und Zeigefinger packen, mit dem Finger durch den Bauch Richtung Schwanz fahren; Rückgrat und Gräten sollten mühelos und im Ganzen durch das Fleisch rutschen. Rückgrat am Schwanzansatz abtrennen, diesen jedoch intakt lassen. Alle Fische auf diese Weise zu Doppelfilets verarbeiten.

2 Fische flach und mit dem Fleisch nach oben in einer einzigen Lage auf einen flachen Teller legen. Essig mit 2 EL Wasser verdünnen, mit Salz mischen und über den Fisch gießen – die Fische sollten voll bedeckt sein. Mit Knoblauch bestreuen, mit Folie abdecken und 48 Stunden im Kühlschrank marinieren. Die Sardellen halten sich im Kühlschrank etwa 1 Woche. Zum Servieren abtropfen lassen, mit Öl beträufeln und mit Petersilie bestreuen.

boquerones fritos

GEBRATENE SARDELLEN

Die Frische des Fisches, die Qualität des Mehls, die Reinheit des Salzes und die Klarheit und Milde des Öls verleihen diesem schlichten Gericht seine besondere Note. Das eigentliche Geheimnis liegt aber in der Kunst, genau den Moment abzupassen, wenn das Öl die richtige Temperatur hat, wenn es Zeit ist, die Fische zu wenden, und wenn sie außen kross und innen saftig sind. Jede kleine Fischart, ebenso Sepien, Kalmare und Seeanemonen lassen sich auf die gleiche Art zubereiten.

Für 4 Personen

500 g frische Sardellen (oder kleine Sardinen)
4 EL Weizenmehl Type 550
1 EL feiner Grieß
1 TL zerstoßenes Meersalz
Öl zum Braten (am besten eignet sich eine Mischung aus
Sonnenblumen- und Olivenöl)

ZUM GARNIEREN
Zitronenviertel

1 Die kleinen Fische abspülen und ausnehmen – dazu den Zeigefinger durch den weichen Bauch führen und die Innereien
herausdrücken. Kopf nach Geschmack entfernen oder dranlassen.
Sehr kleine Fische muss man weder köpfen noch ausnehmen.
Sardellen müssen nicht geschuppt werden, Sardinen dagegen
immer, auch wenn sie sehr klein sind. Unter fließendem kaltem
Wasser in einem Sieb abspülen, jedoch nicht trocken tupfen.

2 Mehl mit Grieß und Salz mischen und auf einem Teller
verteilen. Je nach Größe immer drei bis vier Fische am
Schwanz greifen und fächerförmig zwischen Daumen und
Zeigefinger halten. Durch die Mehlmischung ziehen und
darauf achten, dass die Schwänze durch das Mehl miteinander
verklebt werden.

3 Inzwischen das Öl in einer Pfanne erhitzen – nehmen Sie
gerade so viel, dass die Fische bedeckt sind (Bratfett von
Fischen nicht wiederverwenden). Wenn leichter blauer Rauch
aufsteigt, Fischfächer hineinlegen, die Schwänze erst loslassen,
kurz bevor die Finger den Pfannenboden berühren. Immer nur
zwei bis drei Fächer auf einmal braten, damit die Temperatur
des Öls nicht sinkt. Rasch braten, dabei einmal wenden, bis die
Kruste kross und goldbraun ist. Die Schwänze schmecken
besonders knusprig. Auf Küchenpapier abtropfen lassen und mit
Zitronenvierteln servieren.

pimientos asados con anchoas

GEGRILLTE PAPRIKA MIT SARDELLEN

Das süße, weiche Fleisch der Paprikaschoten passt perfekt zu den salzigen Sardellenfilets – am besten eignen sich die weichen kleinen Häppchen, die direkt aus den kalten Gewässern des Golfs von Biscaya in die Konservenfabriken von Asturien und Galicien wandern. Verwenden Sie runde, reife, rote Paprikaschoten oder die knallroten dreieckigen, die auf den sonnigen Feldern des Rioja-Gebietes zwischen den Weinbergen wachsen. Sie können auch spezielle rote Paprika aus der Dose kaufen – halten Sie Ausschau nach pimientos del piquillo, oft ein echtes Schnäppchen.

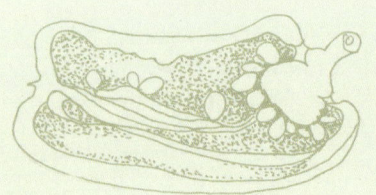

Für 4 Personen

**4 rote Paprikaschoten
2 EL kalt gepresstes Olivenöl
1 Dose gesalzene Sardellenfilets in Öl, abgewaschen
und abgetropft**

1 Jede Paprikaschote im Ganzen auf das Ende eines Messers stecken und in eine Flamme halten, bis die Haut schwarz wird und Blasen wirft. Oder im vorgeheizten Ofen bei 240 °C 15 bis 20 Minuten grillen, dabei einmal wenden.

2 Die Paprikaschoten zum Abkühlen und Saftlassen in einen Frischhaltebeutel packen. Dann mit einem scharfen Messer vorsichtig die Haut entfernen. Die Samen ablösen und das Fruchtfleisch je nach ursprünglicher Schotenform in Dreiecke oder Streifen schneiden. Paprika in einer Schicht auf einem Teller anrichten und mit etwas Olivenöl beträufeln. Die Sardellen dekorativ darauf verteilen.

SERVIERTIPP Die Paprikaschoten mit reichlich knusprigem Brot zum Auftunken der Sauce servieren.

calamares a la romana

FRITTIERTE KALMARE

Kalmare (calamares) *und Sepien* (chocos) *eignen sich
gleichermaßen für dieses Rezept, bei dem die
küchenfertigen Stücke einfach kurz in Mehl gewälzt werden,
damit sie eine leichte Panade erhalten, die in der Fritteuse
knusprig wird. Bei den Kalmaren muss man zunächst den
Körper vom Kopf trennen und das tragende Fischbein
entfernen, das wie ein langer, heller Plastikstreifen aussieht.
Bei Sepien entfernt man die ovale Kalkscheibe (Schulp), die
übrigens für Kanarienvögel ein Leckerbissen ist. Die Köpfe
größerer Tiere schneidet man in Ringe, die Körper ebenfalls,
nachdem man die weichen Innereien und die Augenpartie
entfernt hat. Die Tentakel kann man in kleine Bündel trennen,
jene größerer Tiere sollte man jedoch schuppen, um die
stacheligen kleinen »Zehennägel« zu entfernen, die die
Saugnäpfe tragen. Sehr kleine Tiere, die auf einen Teelöffel
passen würden, kann man einfach im Ganzen braten – so,
wie sie aus dem Meer kommen.*

Für 4–6 Personen

**500 g vorbereitete Kalmare oder Sepien, in Ringe geschnitten,
Tentakel im Ganzen
etwa 4 EL Weizenmehl Type 550
1 EL Grieß
Öl zum Braten (am besten Sonnenblumen- und Olivenöl gemischt)**

ZUM SERVIEREN
**Meersalz
Zitronenviertel**

1 Tintenfische waschen, abtropfen lassen und schütteln, um überflüssige Feuchtigkeit zu entfernen (nicht vollständig trocknen).

2 Mehl mit Grieß auf einem Teller mischen (kein Salz zufügen). Immer mehrere Kalmare auf einmal rasch durch das Mehl ziehen – die Oberfläche sollte feucht genug sein, damit das Mehl eine Panade bildet – in ein Sieb geben und schütteln, um überschüssiges Mehl zu entfernen.

3 Öl in einer Fritteuse oder einer schweren Pfanne erhitzen. Temperatur testen: Das Öl ist heiß genug, wenn sich am Rand eines Brotwürfels sofort Blasen bilden und die Krume sich innerhalb weniger Sekunden goldbraun färbt. Kalmare rasch portionsweise ins Öl geben und frittieren, bis sie goldbraun und knusprig sind; dabei einmal wenden. Auf Küchenpapier abtropfen lassen.

4 Sofort heiß und leicht gesalzen mit Zitronenvierteln servieren. Keinesfalls erneut erhitzen, dadurch werden Tintenfische zäh.

gambas a la parilla

MIT SALZ GEGRILLTE GARNELEN

Nehmen Sie große rohe Garnelen, vorzugsweise mit Kopf – eine Frischegarantie, da die Köpfe sich sehr leicht lösen. Ihre Nase hilft Ihnen zusätzlich, die Qualität der Garnelen festzustellen. Die Hausfrauen in Algeciras, dem andalusischen Marktflecken, wo ich lebte, tauchten einfach einen Finger in die Garnelenkiste und leckten an der Sole. Schmeckte sie zu salzig, waren die Fischer zu lange auf See geblieben und hatten die Garnelen mit Salz und Eis konservieren müssen.

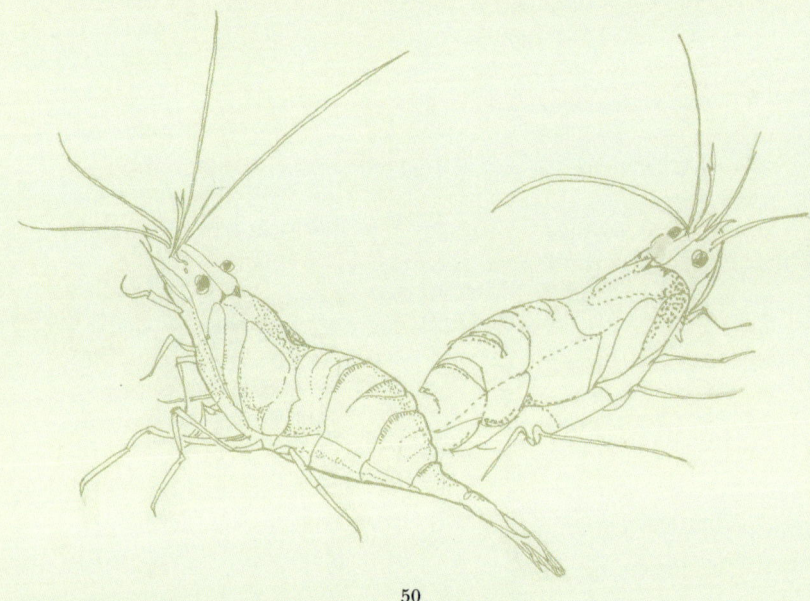

Für 4–6 Personen

500 g große rohe Garnelen, ungeschält, mit Köpfen
Olivenöl
grobes Salz

ZUM SERVIEREN
Zitronenviertel

1 Die Garnelen leicht mit Öl einreiben und großzügig mit grobem Salz bestreuen – Salz auf der Schale verstärkt die natürliche Süße des Fleisches.

2 Grill oder Rost vorbereiten; die Hitze sollte stark genug sein, um die Schalen leicht zu schwärzen. Einmal wenden, von jeder Seite 2 bis 3 Minuten grillen. Mit Zitronenvierteln servieren. Der Saft aus dem Kopf ist lecker – keine falsche Scheu, zerdrücken Sie die Köpfe mit den Fingern, und saugen Sie den Saft aus.

TIPP Das Ganze ist eine ziemlich fettige Angelegenheit. Stellen Sie Wasserschälchen und Servietten bereit, damit Ihre Gäste sich nach dem Essen die Hände und den Mund abwischen können.

tortillitas de camarones

SHRIMPS IM TEIGMANTEL

Am windumtosten Hafen von Cádiz werden diese knusprigen Häppchen an jeder Straßenecke heiß aus der Pfanne verkauft. Sie bestehen aus winzigen Springgarnelen, camarones, *die man in den langen sandigen Gräben am Rand der Salzpfannen vor der Stadt sammelt. Das Kichererbsenmehl können Sie durch Weizenmehl Type 550 ersetzen, das Sie mit 1 EL Grieß mischen.*

Für 4–6 Personen

4 EL Kichererbsenmehl
½ TL Natron
½ TL Salz
2 EL Olivenöl
¼ TL *pimentón dulce* (oder edelsüßes Paprikapulver)
1 EL frisch gehackte Petersilie
1 EL sehr fein gehackte Zwiebeln
125 g ganze, sehr kleine Shrimps oder
geschälte, fein gehackte Shrimps
Öl zum Braten

1 Kichererbsenmehl, Natron und Salz in eine Schüssel sieben. Nach und nach 6 EL Wasser und das Öl zufügen, bis ein dünner Teig entsteht. *Pimentón* oder Paprikapulver, Petersilie und Zwiebeln einrühren. Shrimps in den Teig geben.

2 Öl zwei Fingerbreit in eine Pfanne geben und erhitzen. Wenn leichter Rauch aufsteigt, den Teig mit den Shrimps esslöffelweise dazugeben – nicht zu viele Shrimps auf einmal, damit die Temperatur des Öls nicht sinkt. Goldbraun braten, dabei einmal wenden. Mit einem Schaumlöffel die Shrimps beim Braten platt drücken; der Teig muss sich gut verteilen, damit sie gleichmäßig gar und knusprig werden. Auf Küchenpapier abtropfen lassen und servieren.

gambas pilpil

GARNELEN MIT KNOBLAUCH UND CHILI

Tapasbars, die sich auf diese heiße Köstlichkeit spezialisiert haben, reichen dazu kleine Holzgabeln, damit sich ihre Gäste nicht die Lippen verbrennen. Auf die gleiche Weise werden auch angulas *(junge Aale)* und cocochas *(Kiemenbäckchen von Seehecht und Kabeljau)*, die fetten Partien unter dem Kinn der Fische, zubereitet. Letztere sind eine Spezialität aus dem Baskenland, wo Seehecht das Nationalgericht ist *(dort heißen sie* kokotxas*)*.

Für 4 Personen

350 g geschälte rohe Garnelen
4 EL Olivenöl
1 Knoblauchzehe, geschnitten
1 TL kleine getrocknete Chilischoten, Samen entfernt
Meersalz

1 Die Garnelen verlesen und etwaige anhaftende Fühler- und Schalenreste entfernen.

2 Bei diesem Gericht ist es am wichtigsten, dass die Garnelen brutzelnd heiß serviert werden, am besten in dem Gefäß, in dem sie zubereitet wurden. Wählen Sie deshalb kleine, feuerfeste Portionspfännchen, oder nehmen Sie eine Bratpfanne, und wärmen Sie kleine Souffleeförmchen zum Servieren im Ofen vor.

3 Das Öl erhitzen. Wenn leichter blauer Rauch aufsteigt, Knoblauch und Chili zugeben. Scharf anbraten, dann die Garnelen zufügen und garen. Sie nehmen fast sofort Farbe an. In den Förmchen oder Pfännchen servieren, sobald das Öl spritzt und brodelt. Mit Brot zum Auftunken des Öls servieren. Das Meersalz separat dazureichen.

TIPP Verwenden Sie unbedingt rohe Garnelen oder Shrimps, keinesfalls vorgekochte.

almejas en vino de Jerez

VENUSMUSCHELN IN SHERRY

Zweischalige Muscheln leben relativ lange – so lange nämlich, wie sie Wasser in der Schale halten können. Deshalb muss man Muscheln mit zerbrochener Schale und solche, die sich beim Kochen nicht öffnen, unbedingt wegwerfen. Spanische Hausfrauen kaufen Schalentiere lebend in der Schale – die einzig verlässliche Frischegarantie.

Für 4–6 Personen

**1 kg lebende Schalentiere – Venus-, Herz-, Mies- oder Schwertmuscheln
2 EL Olivenöl
2 Knoblauchzehen, fein gehackt
etwa 250 ml trockener Sherry oder Weißwein
2 EL frisch gehackte Petersilie
Salz und frisch gemahlener schwarzer Pfeffer
etwas Zucker**

1 Die Muscheln in reichlich kaltem Wasser waschen und
verlesen; alle aussortieren, deren Schalen zerbrochen oder
die ungewöhnlich schwer sind – sie sind vermutlich tot und
mit Sand gefüllt. Auch Muscheln, die sich bei kräftigem Klopfen
mit dem Messerrücken nicht schließen, müssen entfernt werden.

2 Das Öl in einem Topf erhitzen, Knoblauch zufügen und kurz
anbraten. Die Muscheln dazugeben, dann Sherry oder
Weißwein angießen und Petersilie zufügen. Mit Salz, Pfeffer und
etwas Zucker würzen, die Temperatur erhöhen. Sobald Dampf
aufsteigt, den Deckel auflegen und kochen lassen; dabei den Topf
regelmäßig schütteln, um die Muscheln neu zu verteilen. Nach
3 bis 4 Minuten sollten alle Schalen geöffnet sein – falls nötig, die
Kochzeit verlängern. Alle nicht geöffneten Muscheln entfernen.

3 Den Topf vom Herd nehmen, sobald die Muscheln sich
geöffnet haben. Die Muscheln direkt aus dem Topf servieren.
Es ist nicht schlimm, wenn die Muscheln auf Zimmertemperatur
abkühlen, was ziemlich rasch geschieht; dann jedoch nicht mehr
erhitzen, sonst werden sie zäh. In tiefen Tellern servieren und
mit den Fingern essen. Dazu reichlich Brot zum Auftunken der
Sauce reichen.

SERVIERTIPP Übrig gebliebene Reste schmecken am nächsten
Tag kalt mit einem Dressing aus gehackten Tomaten, Petersilie
und Zwiebeln.

atún en adobo

THUNFISCH IN ESSIGMARINADE

Dies ist eines der preiswerten kleinen Rezepte aus der Zeit, als man noch keine Kühlschränke hatte (der Kühlschrank ist kaum 100 Jahre alt). Der Tagesfang hielt sich auf diese Weise gerade im Sommer etwas länger. Das Ergebnis war köstlich, und so blieb das Gericht auf der Speisekarte. Es eignet sich für alle Fischarten mit festem Fleisch, das sich in größere Brocken schneiden lässt – etwa für Schwertfischsteaks und Makrelenfilets.

Für 4 Personen

500 g Thunfischsteaks
Salz
1 gehäufter EL Weizenmehl Type 550
2–3 EL Olivenöl

MARINADE
1 mittelgroße Zwiebel, fein geschnitten
1 Knoblauchzehe, gepresst
1 kleine Karotte, geschnitten
1 EL frisch gehackte Petersilie
1 Lorbeerblatt, in Stücke gerissen
1 TL getrockneter Oregano oder Majoran
6 Pfefferkörner, grob zerstoßen
4 EL Sherry- oder Weinessig

1 Den Thunfisch in mundgerechte Stücke schneiden. Mit Salz bestreuen und mit Mehl bestäuben. Im Öl goldbraun und fest braten (Daumenprobe). Auf einer Servierplatte in einer einzigen Schicht anrichten.

2 Das Öl erneut erhitzen – bei Bedarf etwas Öl zufügen – und Zwiebel, Knoblauch und Karotte darin einige Minuten anbraten, bis sich ihr Aroma mischt. Kräuter, Pfefferkörner, Essig und etwas Wasser dazugeben. Einige Minuten kräftig aufkochen, dann die Marinade über den Fisch gießen. Die Stücke wenden, alles locker mit Küchenpapier abdecken und über Nacht an einem kühlen Ort ziehen lassen. Am nächsten, noch besser am übernächsten Tag servieren.

ensalada de mariscos

MEERESFRÜCHTESALAT

Eine vielseitige Komposition, in die alles eingeht, was die Fischerboote mitbringen und was zu günstigen Preisen auf dem Markt landet. Schalentiere – Miesmuscheln, Herzmuscheln und andere zweischalige Muscheln – sollten gedämpft werden, damit sich die Schalen öffnen; dann wird das Fleisch daraus entnommen. Kopffüßer – Tintenfisch, Oktopus und Sepien – werden zuvor geschnitten, gekocht und abgegossen. Auch Würfel von Fischen mit festem Fleisch – Thunfisch, Schwertfisch und Mönchsfisch –, kurz in sehr wenig Salzwasser gedünstet, eignen sich für den Salat. Er sollte mindestens drei verschiedene Sorten enthalten. Falls Sie nicht genügend Fisch zu Hause haben, können Sie zusätzlich kleine Kartoffelwürfel verwenden.

Für 4–6 Personen

**500 g gemischte gegarte Meeresfrüchte (falls nötig,
aus den Schalen entfernt)
3 Frühlingszwiebeln oder frische grüne Knoblauchknollen,
dick geschnitten
1 rote oder grüne Paprikaschote, Samen entfernt,
in Würfel geschnitten
1 Knoblauchzehe, gehackt
1 EL frisch gehackte glatte Petersilie
4 EL Olivenöl
1 EL Sherry- oder Weißweinessig
Salz und frisch gemahlener schwarzer Pfeffer**

1 Die Meeresfrüchte verlesen und darauf achten, dass alle
Stücke ungefähr die gleiche Größe haben. Mit den übrigen
Zutaten mischen.

2 Den Meeresfrüchtesalat an einem kühlen Ort einige Stunden
oder über Nacht durchziehen lassen.

3 Auf Romana-Salatblättern mit reichlich Brot zum Auftunken
der Sauce servieren.

TIPP Unter grünem (oder »jungem«) Knoblauch versteht
man frisch geerntete Knollen, in denen sich die Zehen noch
nicht ausgebildet haben (dies geschieht erst, wenn der
Knoblauch getrocknet wird). Man kann grünen Knoblauch
braten oder geschnitten für Salat verwenden.

Tapa bedeutet im eigentlichen Wortsinn »Deckel« – gemeint ist ein Tellerchen mit Kleinigkeiten, mit dem man das Glas bedeckt, um Fliegen vom Wein fernzuhalten (wobei es nicht nachvollziehbar ist, warum sie auf dem Essen angenehmer sein sollten). Tapas gibt es offiziell seit etwa einem Jahrhundert – erstmals werden sie in Sevilla erwähnt. Doch sie stehen in Verbindung mit einer viel älteren Tradition: der Gastfreundschaft und dem Wunsch, einem Gast die Ehre zu erweisen. »*Algo para picar?*«, »Etwas zum Knabbern?«, ist die klassische Frage, wenn man in Andalusien jemandem ein Glas Wein anbietet. Diese Gewohnheit hat mit verschiedenen Graden der Großzügigkeit Eingang in die anderen Regionen Spaniens gefunden. In Madrid, wo Tapas am Abend einfach dazugehören, bestellen die Leute Teller mit passenden Gerichten zum Teilen, und jede Tapasbar ist für eine bestimmte Spezialität bekannt. Dasselbe gilt für Sevilla und die anderen großen Städte im Süden, wo frischer Fisch die Häppchen dominiert. Sardinen und Sardellen sind billig, köstlich und täglich fangfrisch, deshalb gibt es sie oft kostenlos zum Wein. Oliven und Brot sind immer gratis, es sei denn, man befindet sich in einer der Touristenhochburgen an der Küste. Je weiter man sich davon entfernt, umso größer ist die Wahrscheinlichkeit, dass die Tapas im Preis des Weins oder Biers inbegriffen sind. In den Universitätsstädten des Nordens, vor allem in Bilbao, legen die Studenten ihr Geld zusammen und ziehen durch die Tapasbars, bis sie pleite sind.

Tapas lassen sich anhand ihrer Menge definieren. Eine Portion einer Luxusköstlichkeit wie *jamón serrano* kann man zu viert teilen. Generell ist eine Portion etwa so viel, wie auf

eine Untertasse oder eines der typischen bootsförmigen Schälchen passt: eine Frikadelle mit Sauce, ein Fächer mit drei frisch gebratenen Sardellen oder ein Löffel voll mit einem Abendgericht aus dem angeschlossenen Restaurant. Bei kostenlosen Tapas hängt die Kombination davon ab, was gerade greifbar ist und was es billig oder gar umsonst gibt. Die Schneckeninvasion im Garten landet ebenso auf dem Tisch der Gäste wie der Sardinenüberschuss, den die Fischer nicht loswerden konnten – dann gibt es zum Wein eben gegrillte Sardinen. In Schinkenregionen verwertet man Kaldaunen und Innereien, Schwänze und Ohren oder knusprig gegrillte Schweineschwarte, brutzelnd heiß aus der Pfanne. Doch Fleisch ist nicht alles: Saubohnen in Öl, mit etwas Sherry gekocht, Kartoffelscheiben in Knoblauchöl oder saftige Tortillas sind ebenfalls unter den Köstlichkeiten.

Und im Notfall greift man auf die riesige Menge von Gerichten zurück, die in der Speisekammer lagern: Sardellen in Salzlake, luftgetrockneter Thunfisch, gegrillte rote Paprika aus dem Rioja-Gebiet, Chorizo- oder Morcilla-Scheiben, geröstete Mandeln, Kichererbsen mit Chili oder eine Scheibe frisches Landbrot mit *manteca colorada* – mit *pimentón* gewürztem und rot gefärbtem Schweineschmalz. Es ist eine Frage der Ehre, dass man ein und demselben Gast nicht zweimal die gleiche Tapa serviert. Wenn alles schiefgeht, findet sich irgendwo noch ein Löffel russischer Salat oder eine Kelle Kichererbsen aus dem Eintopf vom Vortag. Tapas sind der beste und einfachste Weg, um sich einen Überblick über die Spezialitäten einer Region zu verschaffen, auch wenn man heutzutage damit rechnen muss, dafür zu zahlen.

Leichte Suppen

gazpacho

KALTE TOMATEN-KNOBLAUCH-SUPPE

In seiner heutigen Form ist Gazpacho eine erfrischende, kühle Tomatensuppe. In seinem Herkunftsland dient er einfach dazu, die Brotreste der Woche aufzubrauchen, indem man sie in etwas mit Essig, Knoblauch und Öl gewürztes Wasser einweicht. Die Konsistenz, also der Verdünnungsgrad, wechselt mit der Jahreszeit: Im Sommer wird Gazpacho stark verdünnt, dient als Erfrischung und wird oft als Getränk serviert – die Andalusier haben immer eine Kanne voll im Kühlschrank; im Winter richtet man ihn mit heißem Wasser breiartig an und isst ihn mit dem Löffel. Heute hat sich der Gazpacho zu einer Suppe auf Tomatenbasis gewandelt, in dem das Brot nur noch zum Andicken dient. Da Zwiebeln die Suppe leicht zum Gären bringen, werden sie in der Regel nicht verwendet. In Córdoba heißt der Gazpacho salmorejo und kommt als dickes Püree zum Löffeln mit Serranoschinken-würfeln, hart gekochten Eiern, gehackten Tomaten, Knoblauch und Gurken auf den Tisch. Nachfolgend eine moderne Version, die Sie nach Lust und Laune variieren können.

Für 4 Personen

2 Scheiben Brot vom Vortag (etwa 50 g)
2 EL Weinessig
2 Knoblauchzehen, gepresst
2 EL Olivenöl
1 kleine Salatgurke (oder ½ große), geschält und
in größere Würfel geschnitten
1 kg vollreife Tomaten, gehäutet, Samen entfernt, gehackt
1 grüne Paprikaschote, Samen und Scheidewände entfernt,
in größere Würfel geschnitten
Salz und etwas Zucker

1 Das Brot mit Essig und Knoblauch in einige Esslöffel eiskaltes Wasser einweichen. Die Mischung in einen Mörser geben oder im Mixer zu einem Püree verarbeiten. Öl und restliches Gemüse zufügen. Eiskaltes Wasser bis zur gewünschten Konsistenz zufügen – dünn oder dick, je nachdem, ob der Gazpacho als Erfrischung oder als Suppe gereicht wird. Mit Salz und etwas Zucker abschmecken. In eine Kanne geben und fest verschließen. In der kalten Speisekammer oder im Kühlschrank 2 bis 3 Stunden gut kühlen. Kein Eis zugeben, es verwässert den Geschmack und lässt den Gazpacho nach Kühlschrank schmecken.

2 Als Erfrischungsgetränk in gekühlten Gläsern oder Schalen servieren. Als Suppe zum ersten Gang in Schüsseln reichen und Extras dazuservieren. Hierzu eignen sich in Olivenöl geröstete Brotcroûtons (unbedingt selbst machen!), gehackte, hart gekochte Eier, gewürfelter Serranoschinken, Salatgurkenwürfel, Paprikaschoten, Tomaten oder spanische Gemüsezwiebeln.

ajo blanco

WEISSER GAZPACHO

Aus Granada stammt diese raffinierte Sommererfrischung. Dort kommt sie auch als gazpacho blanco, *weißer Gazpacho*, mit Mandelmilch und reichlich Knoblauch auf den Tisch. Die Mauren dürften für diese Leckerei verantwortlich zeichnen. Man braucht nicht viel davon, doch die Wirkung ist umwerfend. Ich serviere ihn gern in einem kleinen Glas zusammen mit einem weiteren Glas rotem Gazpacho und einem Glas eisgekühltem Sherry.

Für 6–8 Personen

1 Scheibe Brot (ohne Kruste) vom Vortag
100 g blanchierte Mandeln
2 Knoblauchzehen, geschält
1 EL Olivenöl
1 EL Weißweinessig
Salz und Zucker

ZUM GARNIEREN
einige kleine grüne Trauben, geschält und entkernt

1 Brot, Mandeln, Knoblauch, Öl, Essig und ½ Liter kaltes Wasser in den Mixer geben und gründlich verarbeiten. Noch einmal reichlich Wasser zufügen – mindestens ½ Liter –, bis das Ganze die Konsistenz von dünnflüssiger Milch hat. Mit Salz und Zucker abschmecken. In eine Kanne füllen und ausreichend kühlen.

2 Zum Servieren die Mischung in Schalen oder Gläser füllen und mit einigen Weintrauben garnieren. Bei mir sinken die Trauben leider immer auf den Grund, aber das macht nichts, so bleiben sie als Überraschung für den Schluss. Bereiten Sie Ihre Gäste schonend auf den hohen Knoblauchgehalt vor.

caldo gallego

GALICISCHER BOHNENEINTOPF

Diese deftige Suppe, die man gern als Menüauftakt
serviert, wird in der Regel eher mit Steckrüben (grelos)
als mit Kohl zubereitet. Alternativ kann man Mangold
verwenden, doch bleibt der Geschmack dann ein wenig fad,
es sei denn, man fügt eine Hand voll Rucola oder ähnliche
Blätter zu. Früher versorgte eine Schüssel caldo die galicischen
Bauern mit der täglichen Portion Frischgemüse. Ohne ihn
hätte nur wenig davon auf dem Speiseplan gestanden, deshalb
spielte er eine wichtige Rolle bei der ausgewogenen Ernährung.
Das nachfolgende Rezept stammt aus der Stadt Orense im kalten
spanischen Hochland unweit der portugiesischen Grenze.

Für 4–6 Personen

250 g weiße Bohnen, über Nacht in Wasser eingeweicht
2 EL Speckwürfel oder Schweinefett
Salz und frisch gemahlener schwarzer Pfeffer
500 g zarte junge Steckrüben, in Würfel geschnitten
1 kg Kartoffeln, geschält und in Würfel geschnitten
1 kleiner Grünkohl oder 500 g Frühkohl, fein geschnitten

1 Die Bohnen abtropfen lassen und in einen großen feuerfesten Topf geben. So viel Wasser zufügen, dass die Bohnen zwei Fingerbreit bedeckt sind. Zum Kochen bringen, den grauen Schaum abschöpfen, dann Speck oder Fett zugeben. Die Hitze reduzieren, einen Deckel lose auflegen und etwa 1½ Stunden kochen lassen, bis die Bohnen weich sind; falls nötig, kochendes Wasser nachgießen (die Wassermenge sollte immer in etwa gleich bleiben). Salzen und pfeffern.

2 Die Hälfte der Brühe in einen anderen Topf gießen, zum Kochen bringen und die Steckrüben hineingeben. Aufkochen und Kartoffeln zufügen. Etwa 15 Minuten köcheln lassen, bis das Gemüse fast gar ist. Den Kohl zufügen, alles erneut aufkochen und weitere 6 bis 10 Minuten kochen lassen, bis das Gemüse weich und der Kohl zart, aber noch grün ist. Beide Töpfe auf den Tisch stellen und nach Geschmack mischen.

sopa de mariscos con vino de Jerez

MUSCHELSUPPE MIT SHERRY

Sie benötigen frische rohe Muscheln in der Schale, keine
vorgekochten. Wenn Sie keine bekommen können, nehmen
Sie Fisch mit festem Fleisch (wie etwa Mönchsfisch oder
Schwertfisch) und Austern. Lösen Sie die Austern aus der
Schale, und fügen Sie sie am Ende der Kochzeit hinzu.

Für 4 Personen

**500 g Suppenfisch (oder den Fischhändler um Gräten
und Köpfe bitten)**
etwa 200 ml trockener Sherry
1 Zwiebel, geviertelt, aber ungeschält
1 Karotte, in große Stücke geschnitten
3–4 frische Petersilienzweige
1–2 Lorbeerblätter
½ TL Pfefferkörner, zerdrückt
1 TL Salz
12 Safranfäden, in wenig Wasser aufgelöst
**1 kg frische Muscheln (gut waschen, um den Sand
zu entfernen)**
1 EL Serranoschinkenwürfel
1 EL *pimentón dulce* (oder edelsüßes Paprikapulver)

ZUM ABRUNDEN
**1 TL abgeriebene unbehandelte Zitronenschale
1 TL fein gehackter Knoblauch
1 EL frisch gehackte Petersilie**

1 Den Suppenfisch (bzw. Gräten und Köpfe) waschen und mit etwa 1 Liter Wasser sowie dem Sherry in einem großen Topf zum Kochen bringen. Schaum abschöpfen. Zwiebel, Karotte, Kräuter, Pfeffer und Salz zufügen. Die Hitze sofort reduzieren und 20 Minuten köcheln lassen – keinesfalls länger, da die Suppe sonst bitter wird.

2 Die Suppe durch ein Sieb gießen und zurück in den Topf geben. Aufgelösten Safran mit einem Löffelrücken zerdrücken oder kurz im Mixer zerkleinern und mit dem Wasser zufügen. Die Suppe zum Kochen bringen, dann Muscheln, Schinken und *pimentón* zufügen. Alles erneut aufkochen, zudecken und etwa 3 bis 4 Minuten kochen, bis sich die Muschelschalen öffnen. Vom Herd nehmen und abschmecken. Mit Zitronenschale, gehacktem Knoblauch und Petersilie bestreuen. Sofort servieren, nicht erneut erhitzen.

TIPP Wenn Sie Fischköpfe verwenden, vorher unbedingt die Kiemen entfernen, da die Suppe sonst bitter schmeckt.

> *Bei der Suppe und in der Liebe*
> *ist die Erste die Beste.*

Spanisches Sprichwort

In Spanien unterscheidet man leichte Suppen, die nach den Tapas traditionell als erster Menügang serviert werden, von Suppen, die ein Hauptgericht darstellen – deftige, meist auf Hülsenfrüchten basierende Eintöpfe in regionalen Varianten. Bei Letzteren wird die Brühe oft vor den festen Bestandteilen serviert. Leichte Suppen enthalten dagegen in der Regel kein Fleisch, wenngleich dieses für gewöhnlich die Basis der Brühe bildet.

Mit einer leichten Suppe spült man salzige Tapas wie Serranoschinken, Chorizowürstchen oder kleine frittierte Fische hinunter und schafft Platz für das Hauptgericht. Am beliebtesten ist das klare Consommé mit oder ohne Nudeln bzw. Reis. Zu diesen Suppen gehören die *sopa de cuarto de hora*, die »Viertelstundensuppe«, aber auch mit Gemüse angereicherte Brühen wie die baskische Lauchsuppe *purrusalda* oder klare Fischsuppen, deren Fond mit Köpfen und Gräten hergestellt wurde. Sie erhalten Farbe und Aroma oft durch Safran und werden häufig mit Muscheln ergänzt. Hinzu kommen zwei kalte andalusische Suppen nach alten, aus der Zeit der Mauren überlieferten Rezepten, die man gern als Erfrischung serviert: *ajo blanco*, ein stark knoblauchhaltiger weißer Gazpacho mit Mandelmilch, und der bekanntere Gazpacho, der in der modernen Variante auf Tomatenbasis die traditionelle Brotsuppe ersetzt, die ihm einst den Namen gab.

sopa de ajo

KNOBLAUCHSUPPE

Knoblauch, das gepriesene Allium sativum, *mit dem heilkundige Frauen den Teufel und Kleriker die heilkundigen Frauen zu vertreiben versuchten, wächst im Mittelmeerraum vielerorts wild. Knoblauch ist mehr als ein Gewürz – er ist eine Philosophie, ein Bekenntnis zum Anderssein und zu einem eigenen Lebensstil. Hier eine schlichte Suppe, die man Kranken und kleinen Kindern genauso reicht wie ihren älteren Geschwistern. Der milde Geschmack regt den Geist an und beruhigt den Magen.*

Für 4 Personen

6 EL Olivenöl
6 dicke Scheiben Bauernbrot, in Würfel geschnitten
12 große Knoblauchzehen, gepresst
1 EL *pimentón dulce* (oder edelsüßes Paprikapulver)
etwa 1 l Hühnerbrühe oder Wasser
Salz und schwarzer Pfeffer aus der Mühle
4 Eier

1 Den Backofen auf 180 °C vorheizen. Das Öl in einer schweren Pfanne erhitzen; sobald es heiß genug zum Braten ist, Brot-würfel und Knoblauch zufügen. Auf kleiner Flamme braten, bis der Knoblauch weich und das Brot goldbraun ist. *Pimentón* oder Paprikapulver einrühren, Brühe oder Wasser zufügen. Leicht salzen und pfeffern, zum Kochen bringen, zudecken und etwa 5 Minuten kochen, bis das Brot den größten Teil der Flüssigkeit aufgesogen hat.

2 In der Zwischenzeit vier kleine irdene Portionsförmchen *(cazuelas)* auf oder im Ofen vorwärmen. Brot mit Brühe darauf verteilen und pro Kasserolle ein Ei hineinschlagen. Die Eier im Ofen stocken lassen oder sofort servieren, damit die Gäste das Ei in der kochenden Suppe verrühren können.

purrusalda

LAUCH-KARTOFFEL-SUPPE

Diese deftige Landsuppe mit Lauch ist ein Gericht aus dem Baskenland, mit dem man sich im Winter aufwärmen kann. Die Brühe erhält ihren Geschmack durch Olivenöl mit Knoblauch. Ein sehr schlichtes, sehr leckeres Essen.

Für 4–6 Personen

Salz
8–10 große Lauchstangen mit Grün
100 ml Olivenöl
4 Knoblauchzehen, halbiert
4 mittelgroße Kartoffeln, geschält und in Würfel geschnitten
gemahlener Piment oder Muskatnuss (nach Belieben)
2 EL frisch gehackte Petersilie (nach Belieben)
frisch gemahlener schwarzer Pfeffer

1 1½ Liter leicht gesalzenes Wasser zum Kochen bringen. In der Zwischenzeit den Lauch putzen, dabei die harten grünen Partien entfernen. Den Lauch der Länge nach in lange, dünne Streifen schneiden und ins kochende Wasser geben. Die Hitze reduzieren und alles etwa 20 Minuten kochen lassen, bis der Lauch in der Flüssigkeit butterweich geworden ist.

2 In der Zwischenzeit das Öl in einem kleinen Topf erhitzen und den Knoblauch darin braten, bis er weich und goldbraun ist. Den Topf vom Herd nehmen, sobald der Knoblauch braun zu werden beginnt, und beiseite stellen.

3 Die Kartoffeln zum Lauch geben, alles erneut aufkochen, dann die Hitze reduzieren und weitere 15 bis 20 Minuten köcheln lassen, bis die Kartoffeln weich sind und zerfallen. Die Kartoffeln leicht zerstampfen, damit die Masse dicker wird, dann Knoblauch und Öl einrühren und erneut aufkochen, damit Öl und Brühe sich verbinden. Nach Belieben mit Piment oder Muskat abschmecken oder reichlich Petersilie einrühren – die Basken lieben Petersilie über alles.

4 Als Appetitanreger oder als leichten ersten Gang mit Brot und Käse servieren, etwa mit einer Scheibe geräuchertem *Idiazabal*, einem cremigen, erfrischend scharfen Schafskäse aus der Region.

sopa de picadillo

SCHINKEN-EIER-SUPPE

Die schlichte Suppe wird auch »Viertelstundensuppe«
(sopa de cuarto de hora) genannt, weil sie so schnell
zubereitet ist. Als Grundlage dient die Brühe aus dem
puchero, der andalusischen Version des Universaleintopfs
(siehe S. 190). Minze verleiht der Suppe maurisches Flair.

Für 4 Personen

1 l Hühnerbrühe
2 EL Rundkornreis
4 EL Serranoschinkenwürfel
2 hart gekochte Eier, gehackt
1 EL frische, fein gehackte Petersilie
1 EL frische, fein gehackte Minze

1 Brühe, Reis und Schinken in einem Topf zum Kochen bringen. Die Hitze reduzieren und 15 Minuten köcheln lassen, bis der Reis fast weich ist.

2 Gehackte Eier dazugeben und weitere 2 bis 3 Minuten köcheln lassen. Vom Herd nehmen, Petersilie und Minze einrühren. Ganz einfach, nicht wahr?

TIPP Die hart gekochten Eier etwa 10 Minuten in kaltem Wasser abkühlen lassen. Dann lassen sie sich nicht nur besser schälen, sondern auch feiner hacken.

Eier

tortilla española

KARTOFFELTORTILLA

Kartoffelomelett auf spanische Art: die gleichen Zutaten, aber eine andere Art der Zubereitung. Die runde, innen weiche Köstlichkeit ist der Stolz jeder Tapasbar – je dicker und größer, desto besser. Sie ist der viel beschäftigten Hausfrau liebster Begleiter bei jedem Essen, vom Frühstück bis zum Abendbrot, und jede kennt eine eigene Rezeptvariante. An der Verwendung von Petersilie und Zwiebeln scheiden sich die Geister, ich lasse die Petersilie weg und nehme nur Zwiebeln. Auch die Form der Kartoffeln entfacht Diskussionen: Manche Köche schneiden sie in dünne Scheiben, andere in Stücke oder Würfel. Halten Sie es, wie Sie wollen.

Für 4 Personen

etwa 750 g Kartoffeln (oder 1 mittelgroße Kartoffel pro Ei)
Olivenöl zum Braten
1 EL fein gehackte Zwiebeln
4 große Eier aus Freilandhaltung
½ TL Salz

1 Die Kartoffeln schälen und in Würfel oder in Scheiben schneiden. Genug Öl erhitzen, um die Kartoffeln vollständig zu bedecken – am besten in einer Pfanne mit kleinem Durchmesser, in der man normalerweise ein Omelett für eine Person zubereiten würde. Kartoffeln zufügen und braten, bis sie vollständig gar, aber noch nicht braun sind. In den letzten Minuten die gehackten Zwiebeln zugeben und weich garen.

2 Kartoffeln und Zwiebeln in ein Sieb über einer Schüssel geben, das Fett auffangen. Auf Zimmertemperatur abkühlen lassen. Inzwischen Eier mit Salz leicht aufschlagen. Kartoffeln einrühren. Die Eier sollten das gleiche Volumen haben wie die Kartoffeln.

3 Das aufgefangene Fett in eine Pfanne geben, erhitzen und die Eier-Kartoffel-Mischung zufügen. Die Kartoffeln gleichmäßig verteilen, damit alle mit Ei bedeckt sind. Die Eier mit einer Gabel zur Mitte schieben, sobald sie zu stocken beginnen. Vorsichtig mit lose aufgelegtem Deckel braten, bis die Oberfläche nicht mehr flüssig ist. Temperatur nicht zu hoch stellen, damit die Unterseite nicht anbrennt. Nicht zu lange braten, damit die Mitte saftig bleibt; zu starke Hitze macht die Tortilla zäh.

4 Einen Teller umgekehrt auf die Pfanne legen und die Tortilla mit einer schnellen Bewegung daraufstürzen. Keine Angst, das ist nicht schwieriger, als einen Pfannkuchen zu wenden. Etwas Öl in die Pfanne geben, zurück auf den Herd stellen und die Tortilla mit der weichen Seite nach unten zurück in die Pfanne gleiten lassen. Wenn die Unterseite fertig ist, Tortilla zurück auf den Teller stürzen und überschüssiges Öl mit Küchenpapier abtupfen. In Keile oder Würfel schneiden und zimmertemperiert servieren.

tortilla valenciana

AUBERGINENTORTILLA

Auberginen sind das Fleisch der armen Leute. Sie verleihen dieser Tortillavariante mehr Gewicht. Das Rezept stammt noch aus der Zeit, bevor die Kartoffel aus der Neuen in die Alte Welt kam. Die Gewürze sind maurisch – zwar sind die Kalifen schon lange aus dem Land verschwunden, das sie als Tor zum Paradies bezeichneten, doch die andalusischen Köche haben nach wie vor eine Vorliebe für arabische Aromen.

Für 2–4 Personen

4 große Eier aus Freilandhaltung
4 EL Olivenöl
4 Knoblauchzehen, grob gehackt
2 feste, dicke Auberginen, in Würfel geschnitten
1 EL gemahlener Kreuzkümmel
Salz und frisch gemahlener schwarzer Pfeffer
1 TL gemahlener Zimt
1 TL gemahlener Koriander

1 Die Eier in eine Schüssel schlagen und vorsichtig verquirlen.

2 Öl in einer Pfanne erhitzen. Knoblauch hineingeben und kurz anbraten, bis er weich ist. Auberginenwürfel zufügen und leicht salzen – sie saugen das Öl auf wie Schwämme. Unter stetigem Rühren braten, bis die Auberginen das Öl wieder abgeben und weich und leicht braun sind. Überschüssiges Öl abgießen und aufbewahren.

3 Die Gewürze zufügen, die Auberginen weiterbraten, abdecken und 15 bis 20 Minuten im eigenen Saft köcheln lassen. Sorgfältig zerstampfen und auf Zimmertemperatur abkühlen lassen.

4 Die Auberginenmasse zu den Eiern geben und alles gründlich miteinander vermischen.

5 Eine kleine Pfanne – am besten für ein einzelnes normales Omelett – erhitzen, dann das aufbewahrte Öl zufügen. Die Eiermischung dazugeben, die Hitze reduzieren. Sobald die Masse zu stocken beginnt, die Ränder zur Mitte ziehen. Den Deckel lose auflegen und 5 bis 6 Minuten braten, bis die Oberfläche leicht stockt.

6 Einen Teller umgekehrt auf die Pfanne legen – er sollte den Rand vollständig bedecken – und die Tortilla daraufstürzen. Die Pfanne zurück auf den Herd stellen, bei Bedarf etwas Öl zufügen und die Tortilla mit der weichen Seite nach unten zurück in die Pfanne gleiten lassen. Einige Minuten weiterbraten, dabei auf saubere Ränder achten. Dann die Tortilla auf einen warmen Teller stürzen. Überschüssiges Öl mit Küchenpapier abtupfen.

SERVIERTIPP Schmeckt besonders gut mit etwas scharfer Sauce oder mit Quark, in den man 1 EL Honig gerührt hat.

tortilla catalana

TORTILLA MIT KICHERERBSEN UND CHORIZO

Eine würzige Wintertortilla, eine katalanische Spezialität, angereichert mit Resten vom Bohneneintopf und einigen Würfeln butifarra negra, *katalanischer Presswurst mit Zimt, Nelken und Muskat (anstatt der sonst üblichen Gewürze Oregano und* pimentón*). Wenn Sie keine* butifarra *bekommen, verwenden Sie Chorizo. Die Kichererbsen können Sie durch grüne oder weiße Bohnen ersetzen – je nachdem, was gerade zur Verfügung steht.*

Für 4 Personen

2 EL Olivenöl
2 EL *butifarra*- oder Chorizowürfel
6 EL gekochte, gut abgetropfte Kichererbsen
4 große Eier aus Freilandhaltung
Salz und frisch gemahlener schwarzer Pfeffer

1 1 EL Olivenöl in einer Omelettpfanne erhitzen. Die Wurst darin einige Minuten lang anbraten, bis die Ränder braun werden und Fett austritt. Die Kichererbsen zufügen und mit der Wurst erwärmen.

2 Die Eier leicht mit Salz und Pfeffer verquirlen. Den Inhalt der Bratpfanne dazufügen. Die Pfanne auswischen und das restliche Öl darin erhitzen. Die Eiermischung hineingeben und vermischen, bis die Masse zu stocken beginnt. Den Deckel lose auflegen. Braten, bis das Ganze wie ein großer Pfannkuchen aussieht; dabei auf ordentliche Ränder achten. Mithilfe eines Tellers stürzen, damit die weiche Seite unten zu liegen kommt.

3 Die Tortilla zurück in die Pfanne gleiten lassen (falls nötig, etwas Öl zufügen) und die Unterseite einige Minuten stocken lassen. Das Ganze sollte bei geringer Hitze geschehen und nicht mehr als 7 bis 8 Minuten dauern.

revuelto de setas

Mit Olivenöl gebratenes Rührei eignet sich perfekt, um Wildpilze wie den Edelreizker zu verarbeiten, einen Pilz, der in Kiefernwäldern wächst, einen milchigen Saft freisetzt, knallblaue Druckstellen aufweist und in Katalonien dennoch außerordentlich beliebt ist. Zum Rührei passen aber auch andere festfleischige Arten wie Steinpilze, Pfifferlinge, Semmelstoppelpilze (mit kleinen Stacheln anstelle von Lamellen) oder Austernpilze. Im Frühling bereitet man Rührei mit frischem Spargel zu, zähen kleinen grünen Schösslingen, die zwischen wildem Spargelkraut gedeihen. Es gibt sie in einer milden und einer bitteren Variante – ich habe nie herausgefunden, wie man den Unterschied erkennt, ohne sie zu kosten.

Für 3–4 Personen

**4 EL Olivenöl
1–2 Knoblauchzehen, fein gehackt
etwa 350 g frische Waldpilze (Edelreizker, Steinpilze,
Pfifferlinge), geputzt und geschnitten
2 EL Serranoschinkenwürfel
Salz
6 Eier
1 EL frisch gehackte Petersilie
frisch gemahlener schwarzer Pfeffer**

1 Das Öl in einer irdenen *cazuela* oder einer schweren gusseisernen Pfanne erhitzen und den Knoblauch zufügen.
Etwa 1 Minute anbraten, bis der Knoblauch weich ist, dann die
Pilze und den Schinken zufügen. Leicht salzen, die Temperatur
erhöhen, bis die Pilze das Öl aufnehmen. Dann die Hitze
reduzieren und bei geringer Hitze weiterköcheln, bis der Saft aus
den Pilzen ausgetreten ist und die Pilze erneut zu braten beginnen.

2 In der Zwischenzeit Eier und Petersilie verquirlen, leicht salzen
und kräftig pfeffern. Die Eiermischung zu den Pilzen geben
und bei niedriger Temperatur verrühren, bis sich weiche Ränder
bilden – aber nicht länger als 1 oder 2 Minuten. Kurz bevor die Eier
zu stocken beginnen, die Pfanne vom Herd nehmen. Im Kochgeschirr mit reichlich Brot zum Auftunken der Sauce servieren.

huevos al plato con pimientos

SPIEGELEIER MIT SCHINKEN UND ROTER PAPRIKA

Ein leichtes Abendessen für Städter, die nach der Arbeit mit Freunden eine Runde durch die Tapasbars gedreht haben. Spanier essen gern mittags üppig und bevorzugen ein leichtes Abendessen.

Für 4–6 Personen

2 rote Paprikaschoten
2–3 TL Olivenöl
4 Scheiben Serranoschinken
8 Eier
frisch gemahlener schwarzer Pfeffer

1 Um dieses schlichte Rezept anzurichten, wie es sich gehört, braucht man vier *cazuelas* für je eine Person (flache, irdene Portionsförmchen, die man in Spanien zum Braten benutzt). Sie werden vorbehandelt, damit sie bei direkter Hitzeeinwirkung nicht springen (siehe Tipp).

2 Die Paprikaschoten im Ganzen auf ein Messerende stecken und über eine Flamme halten oder unter den heißen Ofengrill legen, bis die Haut sich schwarz färbt. Anschließend für 10 Minuten in einen Papier- oder Plastikbeutel geben, damit die Haut sich löst, dann mit den Fingern schälen. Die Samen entfernen und die Paprikaschote in Streifen schneiden.

3 In jede *cazuela* 1 EL Öl geben und diese vorsichtig auf den Herd stellen. Wenn das Öl so heiß ist, dass es zu qualmen beginnt, Paprikastreifen und eine Scheibe Schinken hineingeben und pro Förmchen zwei Eier darüberschlagen. 3 bis 4 Minuten braten, bis das Eiweiß stockt. Mit Pfeffer aus der Mühle bestreuen und servieren. Die Eier braten im Förmchen weiter.

TIPP Um die *cazuela* vorzubehandeln, die glasierte Innen- und die nicht glasierte Außenseite mit Knoblauch abreiben, *cazuela* mit Wasser füllen und auf den Gas- oder Elektroherd oder über eine offene Flamme stellen. Zum Kochen bringen, sprudelnd kochen, bis das Wasser völlig verdampft ist. Wenn die *cazuela* dabei nicht springt, tut sie es nie mehr. Falls doch, nimmt man eine andere – sie sind sehr billig, und man kann die Scherben in Blumentöpfe legen, wenn man Geranien umtopft.

piperrada

RÜHREIER MIT ZWIEBELN UND AUBERGINEN

Rühreier mit einer saftigen Mischung aus in Olivenöl geschmorten Auberginen, Tomaten und Knoblauch sind eine Spezialität des Baskenlandes. Das Gemüse kann man gut vorbereiten, die Eier gibt man ganz am Schluss dazu.

Für 4 Personen

4 EL Olivenöl
1 Zwiebel, in dünne Halbmonde geschnitten
1 Knoblauchzehe, fein gehackt
Salz
1 Aubergine, in Würfel geschnitten
1 rote Paprikaschote, in Würfel geschnitten
1 große Tomate, gehäutet, Samen entfernt, gehackt
Cayennepfeffer
4 Eier aus Freilandhaltung, vorsichtig verquirlt

1 Die Hälfte des Olivenöls in einer irdenen *cazuela* oder einer schweren gusseisernen Pfanne erhitzen. Zwiebeln und Knoblauch zugeben, leicht salzen und gut 20 Minuten schmoren, bis sie weich und leicht braun, aber keinesfalls angebrannt sind. In ein Sieb über einer Schüssel geben und die Flüssigkeit auffangen.

2 Die Pfanne mit dem restlichen Öl erneut erhitzen und die Auberginenwürfel zufügen. Schmoren, bis sie weich und an den Rändern leicht karamellisiert sind; zwischendurch die vorher aufgefangene Flüssigkeit zugeben. Die Auberginen aus der Pfanne nehmen und beiseite stellen.

3 Paprikaschote in die Pfanne geben und im heißen Öl wenden, bis sie weich und leicht gebräunt ist. Die Tomate zufügen und 1 oder 2 Minuten aufkochen, bis sie zu zerfallen beginnt. Das übrige Gemüse wieder in die Pfanne geben und aufwärmen. Mit Salz und etwas Cayennepfeffer abschmecken.

4 Die Eier über dem Gemüse verteilen und bei schwacher Hitze maximal 1 oder 2 Minuten rühren, bis sie leicht zu stocken beginnen. Sofort vom Herd nehmen.

SERVIERTIPP Mit geröstetem Landbrot und einer Knoblauchzehe zum Einreiben der knusprigen Kruste reichen – ein typisches schlichtes *campesino*-Gericht. Ein hungriger Landarbeiter schafft die ganze Portion, Städter begnügen sich mit etwas weniger.

Eier sind das Fastfood der spanischen Küche – eine Erinnerung an die bäuerliche Tradition und die Zeit, als die meisten Menschen auf dem Land lebten. Als ich in den 1970er Jahren mit meiner jungen Familie mit vier Kindern in Südspanien wohnte, hielt ich zwar keine eigenen Hühner, sicherte mir aber oft ein gutes Dutzend Eier von der Eierfrau, *la recovrera*, wenn sie Überschüsse von den Nachbarn gesammelt hatte, um sie auf dem Markt von Algeciras zu verkaufen. Ihre Lieferanten wurden in Naturalien bezahlt – sie gaben der Eierfrau eine Einkaufsliste von Produkten mit, die man nicht selbst herstellen konnte: Salz, Zucker, Kondensmilch, Kaffee (ein Luxusprodukt, denn die meisten Leute tranken damals Eichelkaffee).

Obgleich Eier bei den Konditoren des Ortes viele Abnehmer hatten, wanderten auch große Mengen zu den Sherryproduzenten von Jerez, die den Sherry mit Eiweiß verfeinerten. Eiweiß benötigten auch die Oblatenbäcker. Wenn die Oblaten nicht zu Hostien geweiht wurden, verwendete man sie für Schichttorten, die aus dicken Lagen eihaltiger Vanillecreme bestanden. Die nicht verbrauchten Eigelbe flossen in süßes Zuckerwerk *(yemas)*, das zur *feria*-Zeit und an Patronatsfesten weiblicher Heiliger, vor allem der Jungfrau Maria, in großen Mengen verkauft wurde.

Doch seine eigentliche Bestimmung erfährt das Ei in der spanischen Küche bis heute als Vorrat der Hausfrau, als preiswerter Proteinlieferant, der sich gut lagern und rasch zubereiten lässt. Jede Hausfrau von La Coruña bis Cádiz, zumindest jede, die mehr als einen Dosenöffner bedienen kann, zaubert im Notfall zu jeder Tages- und Nachtzeit eine

perfekte *tortilla española* auf den Tisch. Der dicke, saftige Eier-Kartoffel-Kuchen wird in der Pfanne gewendet (beide Seiten müssen weich sein) und nach Lust und Laune mit weiteren Zutaten angereichert, die die Kartoffeln ergänzen oder ersetzen. Varianten gibt es so viele, wie das Jahr Tage hat, und genau wie der Bohneneintopf ist die Tortilla ein Bekenntnis zur regionalen Identität.

Eier werden auch als Rühreier mit Olivenöl und manchmal weiteren Zutaten wie wildem Spargel oder Waldpilzen serviert. Auch gekochtes und gewürfeltes Gemüse wie Auberginen und Paprika kommt vor, etwa in der baskischen *piperrada* oder in La Manchas *pisto,* der spanischen Ratatouille. Spiegeleier *(al plato)* brät man in Olivenöl und bringt sie im Kochgefäß auf den Tisch, einer flachen, irdenen *cazuela,* die direkt auf die Herdplatte gestellt wird. Hart gekochte Eier eignen sich auch als Fleischersatz – so kann man einem Gemüseeintopf mit einem Schinkenknochen mehr Geschmack verleihen und mit geviertelten hart gekochten Eiern zum Hauptgericht machen.

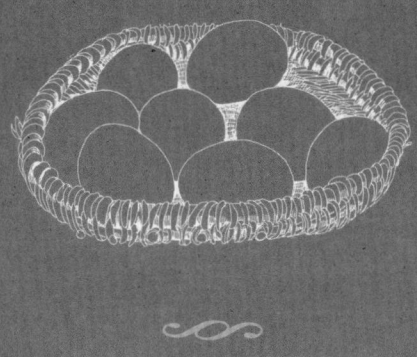

Reis und Nudeln

paella marinera

PAELLA MIT MEERESFRÜCHTEN

Hier gibt das Gerät dem Gericht den Namen: eine flache, gusseiserne Pfanne mit zwei Henkeln, wie die Römer sie einst hatten. Eine waschechte Paella wird fast immer von Männern und im Freien zubereitet, und man isst sie meist mittags und niemals nach Sonnenuntergang. Kocht eine Frau mit denselben Zutaten und der gleichen Pfanne in ihrer Küche, heißt ihr Produkt schlicht arroz, Reisgericht. Je größer der Durchmesser der Pfanne, desto mehr Leute werden satt. Die Pfannen sind stets für eine ungerade Anzahl von Gästen gedacht. Man kann die Paella auf dem Grill zubereiten, oder man verwendet einen speziellen, zum Durchmesser der Paella-pfanne passenden Gaskocher. Die wichtigsten Zutaten sind Rundkornreis, Olivenöl und Safran, der Rest richtet sich nach Region und Jahreszeit. Dabei gilt es zu bedenken, dass alle Zutaten roh in Pfanne kommen, damit sie ihr Aroma an den Reis abgeben. Versuchen Sie es gar nicht erst mit Hummer oder ähnlich exklusiven Zutaten – Paella ist ein Landarbeiter-gericht, das traditionell ohne Teller, Messer und Gabel direkt aus der Pfanne gegessen wird.

Für 6–7 Personen

**1 Messerspitze Safran (12–18 Fäden), kurz in einer
trockenen Pfanne geröstet
4 große, vollreife Tomaten
6–8 EL Olivenöl
4 Knoblauchzehen, ungeschält und grob gehackt
1 Kaninchen (oder 1 kleines Brathähnchen),
in mundgerechte Stücke zerlegt
500 g Rundkornreis (Paella-, Risotto- oder einfacher Milchreis)
Salz und frisch gemahlener schwarzer Pfeffer
1 Hand voll dünner grüner Spargel oder junge grüne Bohnen,
geschnitten
1 kg lebende Muscheln (Venus- oder Miesmuscheln),
gesäubert und ohne Fäden**

1 Man benötigt eine Paellapfanne für sieben Personen und eine
dazu passende Hitzequelle. Damit der Reis gleichmäßig in
einer Schicht garen kann, muss der ganze Boden der Pfanne
auf dem Feuer stehen. Ist dies nicht möglich, verwendet man
eine große Bratpfanne und rührt den Reis regelmäßig um.

2 Den Safran etwa 15 Minuten lang in wenig kochendem
Wasser einweichen. In der Zwischenzeit die Tomaten reiben.
Dazu jede Tomate halbieren, die Samen entfernen. Nun die Seite

mit der Haut fest in die Hand nehmen und die angeschnittene Seite auf einer Reibe über einem Teller raspeln, bis nur noch die Schale übrig ist und das saftige Fleisch auf dem Teller liegt. Mit den übrigen Tomaten genauso verfahren.

3 Die Pfanne aufs Feuer stellen und heiß werden lassen; das Vorwärmen der Pfanne verhindert späteres Anhaften. Das Öl zufügen und warten, bis es so heiß ist, dass es qualmt. Den Knoblauch und die Kaninchen- oder Hühnchenstücke dazugeben und von allen Seiten anbraten. Mindestens 20 Minuten braten, bis das Fleisch zart und nicht mehr rosa ist; dabei regelmäßig wenden.

4 Den Reis zufügen und rühren, bis alle Körner von einem Fettfilm überzogen und glasig sind. Das Tomatenfleisch unter den Reis rühren. Safran samt Flüssigkeit zufügen und so viel Wasser zugeben, dass der Reis einen Fingerbreit bedeckt ist. Die Flüssigkeit sollte ungefähr bis zur Höhe der Schrauben reichen, mit denen die Griffe an der Pfanne befestigt sind.

5 Aufkochen, salzen und pfeffern. Etwa 15 bis 18 Minuten köcheln lassen. Die Pfanne über dem Feuer bewegen und bei Bedarf mehr Wasser zufügen, jedoch nicht mehr rühren. Nach 10 Minuten Spargelspitzen oder grüne Bohnen sowie Muscheln zufügen; Letztere öffnen sich durch den Dampf.

6 Die Paella ist fertig, wenn der größte Teil der Flüssigkeit verdampft ist und sich kleine Krater, ähnlich wie Wurmlöcher, an der Oberfläche bilden. Kosten Sie, ob der Reis gar ist – er sollte weich sein, jedoch noch Biss haben.

7 Die Pfanne vom Herd nehmen, mit einem sauberen Tuch oder einigen Schichten Zeitungspapier abdecken und etwa 10 Minuten ruhen lassen, damit der Reis quellen kann. Die Paella sollte feucht und saftig, niemals trocken sein.

8 Die Gäste im Kreis um die Pfanne setzen. Traditionell isst jeder die Portion, die er vor sich hat, und benutzt dafür die Finger, einen Löffel oder Salatblätter. Dazu gibt es reichlich kräftiges Landbrot, damit keiner hungrig vom Tisch aufsteht.

TIPP Dünne Spargelschösslinge wachsen in der Spargelzeit überall. Beim Kauf sollten Sie sicherstellen, dass die abgeschnittenen Enden nicht zu trocken sind und dass die grünen Spitzen keine weißen Stellen haben. Spargel muss, genau wie Schnittblumen, absolut frisch sein.

perol de monte

SCHMORTOPF MIT WILD

Für dieses Gericht wird der Reis in einem Kupferkessel mit zwei Henkeln, dem perol, mit allem gekocht, was die Jäger aus dem Wald heimbringen: Rebhühner, Tauben, Wachteln, Wildschwein, Kaninchen, Reh und Hase eignen sich gleichermaßen. Bei Kaninchen oder Hasen müssen Sie zuvor die bläuliche Haut entfernen, die den Rücken und die Hinterläufe bedeckt, sonst wird das Fleisch nicht zart. Man kann perol auch mit Schweine-, Hühner-, Rind- oder Lammfleisch zubereiten.

Für 8 Personen

2 kg gemischtes Wild ohne Knochen, in Stücke zerlegt
1–2 Lorbeerblätter
½ TL Pfefferkörner
½ TL Pimentkörner
Salz und frisch gemahlener schwarzer Pfeffer
1 kg Rundkornreis (Paella- oder Risottoreis)
Saft von 1 Zitrone
1 ganze Knoblauchknolle, in Zehen zerteilt
1 kleine Zimtstange
100 g Serranoschinken mit Fettrand,
in große Würfel geschnitten
1–2 frische Chorizo oder Morcilla (katalanische Presswurst),
in große Stücke geschnitten

1 Das Fleisch in einen großen Kochtopf geben und genügend Wasser zufügen, um alles reichlich zu bedecken. Zum Kochen bringen, den grauen Schaum abschöpfen und Lorbeer, Pfefferkörner sowie Piment zufügen. Die Hitze reduzieren, den Deckel lose auflegen und alles je nach Alter des Wildes 1 bis 2 Stunden köcheln lassen, bis das Fleisch zart ist.

2 Mit Salz und Pfeffer abschmecken, die Brühe abgießen, das Fleisch nach Belieben von Knochen befreien und beiseite stellen. Reis mit einer Tasse oder einem Glas abmessen. Die doppelte Menge Brühe im Topf zum Kochen bringen und den Reis einrühren.

3 Zitronensaft, Knoblauchzehen, Zimt, Serranoschinken und Chorizo oder Morcilla zufügen, dann alles aufkochen. Die Hitze reduzieren und 20 bis 30 Minuten köcheln lassen oder bei 180 °C im Ofen garen, bis der Reis die Flüssigkeit aufgenommen hat und fast gar ist. Bei Bedarf etwas Brühe zufügen – der Reis sollte »suppig« bleiben.

4 Zum Schluss die Hälfte des Reises aus dem Topf schöpfen und das Fleisch auf den Reis legen. Dann das Fleisch mit dem übrigen Reis bedecken und weitere 10 Minuten garen, bis der Reis zart und das Fleisch so weich ist, dass man es mit dem Löffel essen kann.

arroz abanda

ZWEI-TELLER-REIS

Neben der Paella ist arroz abanda *das zweite große Reisgericht der Region. In diesem Fall werden Reis und Meeresfrüchte zusammen gekocht und getrennt serviert. Zuerst serviert man den Fisch mit einer scharfen Öl-Knoblauch-Sauce, dem* alioli; *in der Zwischenzeit kocht der Reis in der Brühe. Als Fisch eignet sich fast jede Art von Tagesfang – festfleischige und weiche Arten werden in zwei Schüben zubereitet. Mönchsfische, Meeresaale und Petermännchen sind fest, Makrelen, Brachsen und Heringskönige, eine Mittelmeerschollenart, dagegen weich. Die Köpfe und Gräten festfleischiger Fische hebt man auf, genau wie kleine Krustentiere und ihre Schalen, um der Brühe mehr Geschmack zu verleihen, während die Köpfe und Gräten weichfleischiger Fische entfernt werden, da sie bitter schmecken.*

Für 6 Personen

500 g Rundkornreis (Paella- oder Risottoreis)
1 Thymianzweig
1 Lorbeerblatt
etwa 150 ml Weißwein
8 EL Olivenöl
1 kg gemischte Fischfilets, fest- und weichfleischige getrennt
je 1 Hand voll Garnelen, Venus- oder Miesmuscheln, gesäubert
2 Knoblauchzehen
2 EL *pimentón dulce* (oder edelsüßes Paprikapulver)
Salz und frisch gemahlener schwarzer Pfeffer
etwa 12 Safranfäden, in einer trockenen Pfanne geröstet
2 EL frisch gehackte Petersilie
500 g Tomaten, enthäutet, Samen entfernt, in Würfel geschnitten

ALIOLI
6 Knoblauchzehen, geschält und gepresst
1 TL Meersalz
etwa 300 ml kaltgepresstes Olivenöl

1 Den Reis verlesen. Etwaige kleine Steine aussortieren.

2 1,5 Liter Wasser in einem großen Topf mit den Kräutern, dem Weißwein und 4 EL Olivenöl zum Kochen bringen.

3 Festfleischigen Fisch zufügen und aufkochen. Die Hitze reduzieren und 5 Minuten köcheln lassen.

4 Weichfleischigen Fisch und Meeresfrüchte dazugeben, weitere 10 Minuten köcheln lassen. Vorsichtig herausnehmen und warm stellen. Die Fischbrühe durchseihen, beiseite stellen.

5 Knoblauch im Mörser mit *pimentón* oder Paprikapulver, 1 TL Salz sowie Pfeffer verarbeiten. Restliches Öl in einer Paellapfanne oder einer großen Bratpfanne erhitzen, die Mischung aus dem Mörser sowie Safran und Petersilie zufügen und einige Minuten braten, bis der Knoblauch weich ist.

6 Reis zufügen und kurz im heißen Öl wenden. Tomaten und 1 Liter Fischbrühe dazugeben – die Flüssigkeit sollte das doppelte Volumen des Reises haben. Aufkochen und 5 Minuten bei starker Hitze kochen. Die Hitze reduzieren und weitere 12 Minuten köcheln lassen. Falls der Reis zu trocken wird, etwas Fischbrühe zufügen. Vom Herd nehmen und weitere 10 bis 15 Minuten quellen lassen. Der Reis sollte saftig sein, jedoch so, dass man die einzelnen Körner gut erkennt.

7 In der Zwischenzeit für das *alioli* den Knoblauch mit dem Salz im Mörser verarbeiten. Öl vorsichtig nach und nach zugeben, so dass der Knoblauch als Emulgator wirkt und eine Paste entsteht, die man mit dem Löffel zum Fisch essen kann.

8 Sauce mit dem Fisch servieren. Der Reis ist fertig, wenn der Fisch gegessen ist. Traditionell spießt man den Fisch zum Essen direkt aus dem Gemeinschaftsteller auf ein Messer. Auch der Reis kann aus der Pfanne verzehrt werden, wobei jeder mit dem Löffel die Portion isst, vor der er sitzt – das Fischen in fremden Gewässern ist natürlich streng verboten!

... Die Paella ist ein Landgericht, geboren unter einem schattigen Baum. Ein Mann muss sie zubereiten, und zwar ein anerkannter paellero *mit gutem Ruf. Sie wird aus der Pfanne gegessen, in der sie gekocht wurde, die Teilnehmer sitzen dabei im Kreis, jeder mit seinem eigenen Holzlöffel bewaffnet ... Zweifellos inspiriert der Genuss jedes Gerichts oder sogar jedes Getränks zu bestimmten Gedanken, die wiederum das Gespräch prägen. Im Fall der Paella sind dies ländliche Themen: die Unbilden des diesjährigen Wetters, der Saatpreis, die Marktpreise für landwirtschaftliche Erzeugnisse und dann und wann ein kleiner Abstecher zum Stierkampf oder dem valencianischen* pelota-Spiel.

Lorenzo Millo Casas, *Discurso sobre los orígenes de la paella*

Die saftigen spanischen Reisgerichte aus Rundkornreis
stehen den italienischen Risotti näher als den trocken
gekochten Langkornreisspezialitäten des Ostens. Fast immer
enthalten sie Safran, manchmal durch *pimentón* verstärkt
(es gibt aber auch einige wenige »weiße« Reisgerichte), und
die verschiedenen Zutaten werden entweder in der Brühe
gekocht und zuerst serviert wie beim *arroz a banda* oder wie
bei der Paella zusammen mit dem Reis gereicht. Paella
gibt es in vielen Variationen: Jede valencianische Hausfrau,
die ihre Paellapfanne beherrscht, kennt wohl an die 50 verschiedene Kombinationen von Gemüse, Fleisch, Wild, Fisch
und Geflügel, um die Safranreisbasis anzureichern. Und
Sie dürfen natürlich auch ihrem eigenen Geschmack folgen.
Reisgerichte werden traditionell nur mittags gegessen.
Für die Valencianer, die Reisexperten Spaniens, ist jeder,
der abends Reis verzehrt, entweder ein Tourist oder ein
Einheimischer, der höflich zu Touristen sein will.

Nudeln gehören nicht zu den traditionellen Grund-
nahrungsmitteln der spanischen Küche, doch werden kleine
Fadennudelarten häufig als Einlagen für Suppen zum ersten
Menügang verwendet. In der katalanischen Variante der
Paella, deren Name sowohl das Kochgeschirr als auch das
Gericht selbst bezeichnet, ersetzen Fadennudeln – *fideos* –
sogar den Reis.

moros y cristianos

LINSEN MIT REIS

Der Name des Gerichts – Mauren und Christen – erinnert an die historische Begegnung vor den Toren Granadas, als Ferdinand von Aragonien und Isabella von Kastilien die Mauren von Al-Andaluz mit vereinten Kräften aus ihrer letzten Bastion vertrieben. Die ausgewogene Mischung aus Getreide und Hülsenfrüchten ist jedoch im gesamten Nahen Osten bekannt.

Für 4 Personen

DIE MAUREN
500 g Linsen
Salz und frisch gemahlener schwarzer Pfeffer
½ Gemüsezwiebel, fein gehackt
2 EL Olivenöl

DIE CHRISTEN
250 g weißer Reis, gekocht und abgegossen
2 Knoblauchzehen, gehackt
1 EL Olivenöl

ZUM GARNIEREN
2 hart gekochte Eier, geviertelt
2 EL geröstete Mandeln

1 Linsen mit reichlich Wasser bedecken (zwei Fingerbreit) und etwa 40 bis 50 Minuten kochen, bis sie gar sind. Mit Salz und Pfeffer würzen. Gehackte Zwiebel und 2 EL Öl unterrühren. Einmal kurz aufkochen, damit das Öl sich mit der Flüssigkeit im Topf verbindet, vom Herd nehmen und beiseite stellen.

2 Inzwischen in einer anderen Pfanne Reis und Knoblauch mit 1 EL Öl anbraten, Reis zwei Fingerbreit mit Wasser bedecken, aufkochen, Hitze reduzieren. In etwa 20 Minuten gar köcheln lassen.

3 Linsen auf einer heißen Servierplatte aufhäufen, den weißen Reis darumschichten – so sind die Mauren von den christlichen Bataillonen eingekreist. Eiviertel auf den Linsen und geröstete Mandeln auf dem Reis verteilen.

arroz a la cubana

KUBANISCHER REIS

Diese schlichte, aber köstliche Kreation – Reis, Bananen und Eier mit Chili-Tomaten-Sauce – ist ein Re-Import aus Kuba, der alten spanischen Kolonie. Als Kind konnte ich von diesem Abendessen gar nicht genug bekommen.

Für 4 Personen

300 g Rundkornreis (Paella- oder Risottoreis)
etwa 4 EL Olivenöl
Salz
500 g Tomaten, gehäutet, Samen entfernt, gehackt
½ Zwiebel, gehackt
1 Knoblauchzehe, gehackt
1 EL *pimentón picante* (oder rosenscharfes Paprikapulver)
½ TL gemahlener Piment

ZUM GARNIEREN
4 Eier (je nach Hunger mehr)
4 kleine, feste Bananen, der Länge nach halbiert

1 Den Reis mit 1 TL Öl in einer schweren Bratpfanne kurz anbraten, bis er durchsichtig wird. Wasser zufügen, bis alle Körner vollständig bedeckt sind. Aufkochen, die Hitze reduzieren und den Reis auf kleiner Flamme kochen, bis er gar ist. Nach und nach Wasser zum quellenden Reis gießen. Am Ende sollte der Reis feucht und zart, aber nicht suppig sein. Leicht salzen, nicht pfeffern. Reis auf einer warmen Servierplatte anrichten.

2 In der Zwischenzeit die Sauce zubereiten. Dazu Tomaten, Zwiebel, Knoblauch, *pimentón* oder Paprikapulver und Piment mit 1 EL Öl im Mixer zu einem Püree verarbeiten.

3 Die Eier im restlichen Öl zu Spiegeleiern braten und auf den Reis geben. Die Bananen so braten, dass sie ein wenig karamellisieren, aber nicht matschig werden, und rund um den Reis anrichten.

4 Die Pfanne erhitzen und die Tomatenmischung hineingeben. Einige Minuten bei starker Hitze kochen, damit sich das Aroma entfaltet – in einer großen Pfanne dauert dies nicht lange. Die Sauce separat zum Reis servieren.

fideuà a la catalana

NUDELPAELLA

Bei der katalanischen Paella wird der Reis durch fideos ersetzt, Nudeln, die sich in Größe und Form kaum von ihm unterscheiden. Sie können aber auch dickere Suppennudeln oder kurz gebrochene Spaghetti verwenden. Das Rezept ist wie bei herkömmlicher Paella sehr variabel. Statt Schweinefleisch, oder zusätzlich dazu, kann man Garnelen, Muscheln, Morcilla oder Chorizo verwenden. Die Mandeln für die Sauce, eine katalanische Spezialität, lassen sich durch Brotwürfel ersetzen.

Für 4 Personen

2 EL Olivenöl
2 Knoblauchzehen, gehackt
3 EL frisch gehackte Petersilie
1 EL blanchierte Mandeln, grob gehackt
150 ml trockener Sherry oder Weißwein
1 EL *pimentón dulce* (oder edelsüßes Paprikapulver)
1 TL gemahlener Zimt
½ TL gemahlene Gewürznelken
12 Safranfäden, in 1 EL kochendes Wasser eingeweicht
250 g Nudeln, zum Beispiel Suppennudeln oder Spaghetti
225 g Schweinefleisch, in Würfel geschnitten
1 große Zwiebel, fein gehackt
Salz und 500 g Tomaten, gehäutet und gehackt

1 Das Öl in einer Bratpfanne erhitzen. Knoblauch, Petersilie und Mandeln darin goldbraun anbraten. Sherry oder Wein zufügen und aufkochen lassen. Alle festen Bestandteile mit einem Schaumlöffel aus der Pfanne nehmen. In der Küchenmaschine oder im Mörser zusammen mit den Gewürzen und dem Safran mitsamt Einweichwasser zu einer weichen Paste verarbeiten.

2 Die Flüssigkeit aus der Pfanne in eine Paellapfanne oder eine große Bratpfanne geben und stark erhitzen. Die Nudeln zufügen und im heißen Öl wenden, bis sie etwas Farbe annehmen.

3 Fleisch und Zwiebelstücke zufügen, leicht salzen und braten, bis beide Flüssigkeit abgeben und zu karamellisieren beginnen.

4 Die Mandelpaste mit 300 ml Wasser verrühren und mit den Tomaten in die Pfanne geben. Kurz aufkochen, dann bei geringer Hitze köcheln lassen, bis das Fleisch gar ist, die Nudeln weich sind und die Oberfläche des *fideuà* trocken aussieht. Falls die Nudeln noch nicht gar sind, noch ein wenig Wasser zugeben.

SERVIERTIPP Für ein traditionelles Essen sollten Sie die *fideuà* wie Paella servieren – ohne Teller, aber mit Gabeln. Jeder isst die Portion, vor der er sitzt.

Gemüse

habas con jamón

SAUBOHNEN MIT SERRANOSCHINKEN

Junge Saubohnen, die geerntet werden, solange die Schoten noch weich und pelzig sind, verwendet man für dieses Gericht im Ganzen. Ihr feiner Geschmack erinnert an Okraschoten, ihr Duft bleibt beim Kochen erhalten. Wenn Sie keine Saubohnen nehmen, müssen Sie das Gewicht der Bohnen erhöhen. Später, wenn die Bohnen voll ausgewachsen sind, sollte man die Schoten entfernen und nur die Bohnenkerne verwenden. Am Ende der Saison, wenn die Schoten zäh sind, können Sie die Kerne einfach herausdrücken.

Für 4 Personen

**1 kg junge Saubohnen mit Schoten (oder
350 g reife Bohnenkerne)
4 EL Olivenöl
1 mittelgroße Zwiebel, in Würfel geschnitten
2–3 Knoblauchzehen, fein geschnitten
2 EL Serranoschinkenwürfel
etwa 150 ml trockener Sherry oder Weißwein
Salz und frisch gemahlener schwarzer Pfeffer**

ZUM SERVIEREN
**1 EL Semmelbrösel
1 EL frisch gehackte Petersilie**

1 Die Bohnen putzen und so in Stücke schneiden, dass die Kerne nicht herausrutschen.

2 Das Öl in einer feuerfesten Kasserolle oder einem schweren Topf erhitzen. Zwiebel und Knoblauch kurz darin anbraten, ohne dass sie braun werden.

3 Bohnen, Schinkenwürfel und Sherry oder Wein zufügen und alles mit Wasser bedecken. Mit Salz und Pfeffer würzen und zum Kochen bringen. Den Deckel auflegen und 1½ Stunden bei geringer Hitze oder im Ofen bei 160 °C garen. Regelmäßig nachschauen und, falls nötig, Wasser zufügen.

4 Wenn die Bohnen gar sind, alles noch einmal ohne Deckel aufkochen lassen, damit die Flüssigkeit verdampft – die Bohnen sollten saftig sein, aber nicht in Flüssigkeit schwimmen.

5 Die Semmelbrösel und die Petersilie einrühren. Kurz aufwärmen, abschmecken und nach Geschmack nachwürzen.

TIPP Gehaltvoller wird das Gericht, wenn Sie pro Person ein Ei unterziehen oder hart gekochte Eier dazureichen.

pimientos fritos con ajo

GEBRATENE GRÜNE PAPRIKA MIT KNOBLAUCH

Paprikaschoten zum Braten gibt es in Spanien in zwei Varianten, die beide eher von der dreieckigen peruanischen Sorte als von der glockenförmigen Art aus Mexiko abstammen dürften: Am häufigsten findet man die im ganzen Mittelmeerraum verbreitete lange, dünne, torpedoförmige dunkelgrüne Variante mit sehr dünnem Fleisch und mildem, grasartigem Geschmack. Die anderen, pimientos de Padrón (nach dem Dorf im Nordwesten Spaniens, wo sie angebaut werden), sind kleine, kurze, dreieckige, chiliähnliche dunkelgrüne Früchte mit dickerem Fleisch. Die meisten sind zwar mild, doch einige scharfe sind immer darunter. Diese werden für gewöhnlich frittiert, damit sie ihre knallgrüne Farbe behalten.

Für 4 Personen

750 g grüne Paprikaschoten zum Braten
etwa 4 EL Olivenöl
3–4 Knoblauchzehen, ungeschält und grob gehackt
Salz

ZUM SERVIEREN (NACH BELIEBEN)
Sherryessig

1 Die Paprikaschoten waschen und trocken schütteln, die Früchte im Ganzen lassen.

2 Das Öl in einer Pfanne stark erhitzen. Die Paprikaschoten zufügen und bei starker Hitze braten; dabei wenden, damit alle Seiten leicht braun werden.

3 Die Hitze reduzieren, den Knoblauch zufügen, die Paprika leicht salzen und den Deckel auf die Pfanne legen. Bei schwacher Hitze etwa 10 Minuten schmoren, bis die Paprikaschoten weich sind.

4 Den Deckel abnehmen und den Pfanneninhalt 1 bis 2 Minuten aufkochen, bis das Öl an Feuchtigkeit verliert und klar wird.

5 Auf Zimmertemperatur abkühlen lassen und die Paprika im eigenen öligen Saft servieren. Nach Belieben mit einigen Tropfen Sherryessig anrichten.

alcachofas con habas

ARTISCHOCKEN MIT SAUBOHNEN

E ine klassische Kombination aus dem üppigen Gemüse-
garten Granadas, la vega, der schon zur Zeit der Römer
für saftige Saubohnen und feine Artischocken bekannt war.
Wenn man die Artischockenherzen zubereitet, sollte man sich
vor Augen halten, dass die Pflanze zur Familie der Gänse-
blümchen gehört und man im Grunde eine Blüte verarbeitet.

Für 4–6 Personen

8–12 Artischocken (je nach Größe)
1 Schuss Zitronensaft oder 1 TL Essig
4 EL Olivenöl
1 große Zwiebel, fein gehackt
2–3 Knoblauchzehen, fein gehackt
etwa 150 ml Weißwein
250 g Saubohnen in der Schote (nur Kerne, falls die Schoten
alt und zäh sind)
Salz und frisch gemahlener schwarzer Pfeffer
1 EL frisch gehackte Petersilie
1 EL frische Minze
1 EL Semmelbrösel
1 EL geröstete Mandeln, grob gehackt

1 Zuerst die Artischockenherzen zubereiten: Die Stängel der Artischocken dicht unter dem Ansatz abschneiden. Stängel schälen, um die harten äußeren Fasern zu entfernen; das weiche Innere ist essbar. Dann die Stängel mit etwas Zitronensaft oder Essig in kaltes Wasser legen. Die harten äußeren Blätter der Artischocken mit einem scharfen Messer entfernen. Die übrigen Blätter dicht am Ansatz abschneiden, so dass die kleinen Blätter rund um das Herz frei liegen. Diese Blättchen abzupfen, die Herzen herausschälen und ins Wasser legen.

2 In einer großen, feuerfesten Kasserolle das Öl erhitzen. Die Zwiebel und den Knoblauch auf kleiner Flamme braten, bis sie weich sind. Artischockenherzen und Stängel zufügen, abdecken und alles bei geringer Hitze etwa 15 Minuten braten; dabei regelmäßig die Pfanne schwenken, bis die Artischocken sich leicht braun färben.

3 Den Wein zufügen und aufkochen, bis die Flüssigkeit auf die Hälfte reduziert ist. Die Bohnen und ein Glas Wasser dazugeben, salzen und pfeffern. Aufkochen lassen, dann die Hitze reduzieren und auf kleiner Flamme etwa 15 Minuten garen, bis das Gemüse zart ist. Falls nötig, etwas Wasser zugießen.

4 Gehackte Petersilie und Minze sowie eine Hand voll Semmelbrösel unterrühren, um die Flüssigkeit anzudicken. Mit den grob gehackten gerösteten Mandeln bestreuen und servieren.

tomates rellenas con piñones

TOMATEN MIT PINIENKERNFÜLLUNG

Pinienkerne – die kleinen, öligen Samen der Pinie, die
sich nur mit Mühe aus den steinharten Zapfen lösen
lassen – verleihen diesem schlichten Gericht ein köstlich
harziges Aroma.

Für 4 Personen

4–8 mittelgroße, reife, aber feste Tomaten
4 EL Olivenöl
2 Knoblauchzehen, fein gehackt
2 EL Pinienkerne
1 EL fein gehackter Serranoschinken (nach Belieben)
1 EL frisch gehackte Petersilie
4 gehäufte EL Semmelbrösel
Salz und frisch gemahlener schwarzer Pfeffer

1 Den Ofen auf 220 °C vorheizen. Die Tomaten abreiben, am Stielansatz einen kleinen Deckel abschneiden und beiseite stellen. Die Samen der Tomaten entfernen, das Fleisch herauskratzen und ebenfalls beiseite stellen. Die ausgehöhlten Tomaten in eine geölte Auflaufform setzen.

2 2 EL Öl in einem kleinen Topf erhitzen und den Knoblauch darin anbraten. Die Pinienkerne zufügen und leicht bräunen. Das Tomatenfleisch dazugeben und alles zu einer Sauce einkochen. Nach Belieben Schinken sowie Petersilie und Semmelbrösel einrühren. Salzen und pfeffern.

3 Die Tomaten mit der fertigen Mischung füllen. Die Deckel auflegen und mit dem restlichen Öl beträufeln.

4 Die Tomaten etwa 25 bis 30 Minuten im Backofen garen; große Tomaten sollte man bei leicht reduzierter Hitze etwas länger im Ofen lassen. Auf Zimmertemperatur abkühlen lassen und servieren.

ensalada mixta

GEMISCHTER SALAT

Die Spanier ziehen Salate aus rohen Gemüsewürfeln und knackigem Romanasalat solchen mit weichen Blattsalaten vor – ohnehin würden Letztere die Hitze des spanischen Sommers nicht lange überstehen.

Für 4 Personen

1 Kopf Romanasalat, in dicke Streifen geschnitten
1 grüne Paprikaschote, Samen und Scheidewände entfernt,
dünn geschnitten
2 große Tomaten, in Stücke geschnitten
2 kleine oder ½ große Salatgurke, in Stücke geschnitten
½ spanische Gemüsezwiebel, in dünne Scheiben geschnitten
1–2 EL grüne Oliven
1 kleine Dose Thunfisch, abgegossen und in Stücke
geteilt (nach Belieben)
1–2 hart gekochte Eier, geschält und in Viertel geschnitten
(nach Belieben)
6 EL Olivenöl
2 EL Weinessig oder Zitronensaft
grobes Meersalz

1 Alle Salatzutaten in Schichten auf einem großen, flachen
Teller anrichten. Die Zwiebelringe und die Oliven bilden den
Abschluss. Falls Thunfisch und Eier verwendet werden, diese
obenauf legen.

2 Den Salat mit Öl, Essig oder Zitronensaft und einer groß-
zügigen Prise Meersalz anmachen, ohne die Zutaten zu einer
Vinaigrette zu verrühren – die Spanier lieben den Geschmack
ihres Olivenöls. Mehr ist nicht nötig.

SERVIERTIPP Den gemischten Salat als ersten Gang servieren,
wenn er Thunfisch und/oder Eier enthält, andernfalls nach dem
Hauptgang reichen.

asadillo de pimientos

GEBRATENE ROTE PAPRIKA

Diese klassische Mischung aus verschiedenen Geschmacksrichtungen und Konsistenzen kann man als Beilage oder
zusammen mit anderen Gemüsesorten wie Zucchini-, Auberginen-,
Kürbis- oder Kartoffelwürfeln servieren. Gehaltvoller wird
das Gericht, wenn Sie rohe Eier darüberschlagen und diese
unter dem Grill stocken lassen – am besten mit einer Hand
voll Serranoschinkenwürfeln dazu.

Für 4 Personen

2 EL Olivenöl
4 große, saftige rote Paprikaschoten, Samen entfernt,
in Streifen geschnitten
2 große, reife Tomaten, in dicke Scheiben geschnitten
2 Knoblauchzehen, geschnitten
1 TL getrockneter Oregano

1 Den Backofen auf 230 °C vorheizen. 1 TL Öl in eine große *cazuela* oder eine Gratinform träufeln (oder vier irdene Portionsförmchen verwenden).

2 Paprikastreifen und Tomatenscheiben in die Form schichten, zwischendurch mit Knoblauch bestreuen. Mit einer Schicht Tomaten enden, das restliche Öl darüberträufeln und mit Oregano bestreuen. Nicht salzen oder pfeffern.

3 Bei starker Hitze etwa 30 bis 40 Minuten im Backofen garen, bis der Saft verdampft ist und das Gemüse zu braten beginnt. Im Kochgeschirr mit Brot servieren.

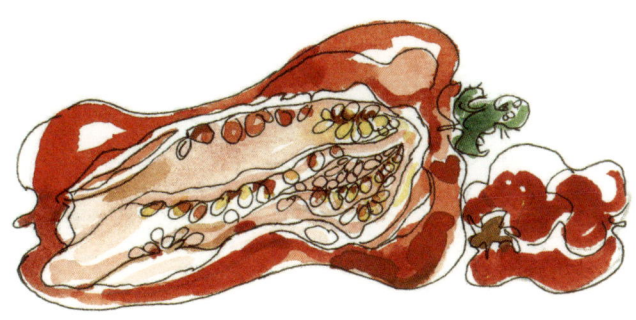

pimientos rellenos

GEFÜLLTE PAPRIKASCHOTEN

Für dieses Gericht benötigen Sie die großen, dickfleischigen, glockenförmigen Paprikaschoten – rote, grüne oder gelbe, ganz nach Belieben. Die Basis der Füllung bildet Reis, der Rest ist Geschmackssache. Sie können Serranoschinken, Pilze, gehackte Mandeln oder Hähnchenreste verwenden.

Für 4 Personen als Vorspeise

4 große rote Paprikaschoten
2 EL Olivenöl
2 Knoblauchzehen, gehackt
2 EL geröstete Pinienkerne
2 EL Rosinen
1 EL frisch gehackte Petersilie
1 TL Kreuzkümmel
500 g saftige Tomaten, gehäutet, Samen entfernt, gehackt
½ TL Safranfäden (etwa 12 Stück), in etwas Wasser eingeweicht
250 g Rundkornreis (Paella- oder Risottoreis,
nach Möglichkeit Calispera)
Salz und frisch gemahlener schwarzer Pfeffer

1 Ofen auf 180 °C vorheizen. Die Paprikaschoten abreiben und rund um den Stängelansatz einen Deckel abschneiden, den Stängel jedoch am Deckel lassen. Von den Paprikaschoten vorsichtig Samen und Scheidewände entfernen; die Schoten mit der Öffnung nach oben in eine *cazuela* oder Gratinform stellen.

2 Das Öl in einer Bratpfanne erhitzen, den Knoblauch darin anbraten, bis er etwas weich ist. Pinienkerne, Rosinen, Petersilie und Kreuzkümmel zufügen, kurz mitbraten. Die Tomaten dazu- geben und einige Minuten aufkochen; dabei die Tomaten mit einer Gabel zerdrücken, damit sie weich werden. Den Safran mit dem Einweichwasser dazugeben und den Reis einrühren. Aufkochen, mit Salz und Pfeffer würzen und vom Herd nehmen.

3 Die Paprikaschoten mit der Reismischung füllen; reichlich Platz lassen, damit der Reis quellen kann. Die Schotendeckel auflegen, alles mit Alufolie (glänzende Seite nach unten) abdecken. Die Form in den Ofen schieben und die Paprikaschoten etwa 1¼ Stunden garen, bis der oben liegende Reis weich ist – der darunterliegende Reis ist etwas härter, quillt aber während des Abkühlens noch auf.

4 Nach etwa 1 Stunde prüfen, ob die Paprikaschoten gar sind. Mit etwas Wasser besprenkeln und wieder mit Folie abdecken. Falls die Schoten etwas trocken aussehen (das hängt von der Dicke des Fruchtfleisches ab), die Temperatur reduzieren. Mit der öligen Garflüssigkeit beträufeln, auf Zimmertemperatur abkühlen lassen und servieren.

acelgas con jamón y ajo

MANGOLD MIT SCHINKEN UND KNOBLAUCH

Mangold ist ein kräftiges, spinatähnliches Gemüse mit dunkelgrünen Blättern und blassen, saftigen Stängeln. Es ist im Mittelmeerraum im Sommer wie im Winter gleichermaßen beliebt. Mangold, der ganzjährig wächst, welkt im Sommer weniger rasch als Spinat, im Winter reift er rascher als Kohl, der immer etwas Frost braucht. Gewöhnlich wird Mangold als ganzer Kopf zum Stückpreis verkauft.

Für 4–6 Personen

1 großer Kopf Mangold (8–12 Blätter)
Salz
4 EL Olivenöl
fein abgeriebene Schale und Saft von 1 unbehandelten Zitrone
frisch gemahlener schwarzer Pfeffer
4 Knoblauchzehen, fein geschnitten
1 EL Serranoschinkenwürfel
1 EL frisch gehackte glatte Petersilie

1 Den Mangold sorgfältig putzen (er wächst auf sandigem Boden und kann daher sandig sein) und die Blätter von den Stängeln trennen. Die Blätter in dicke Streifen schneiden, die Stängel beiseite legen.

2 Die geschnittenen Blätter in einem Topf mit Deckel in möglichst wenig Wasser mit etwas Salz etwa 5 Minuten kochen, bis sie zusammenfallen und weich werden. Gut abtropfen lassen. Mit der Hälfte des Öls sowie mit Zitronenschale und -saft anmachen. Mit Salz und Pfeffer würzen und beiseite stellen.

3 In der Zwischenzeit die Stängel waschen und der Länge nach in fingerbreite Streifen schneiden. Das restliche Öl in dem Topf erhitzen und den Knoblauch zufügen. Die Blätter dazugeben und etwa 1 Minute kochen. Dann 1 EL Wasser zufügen. Aufkochen lassen, den Deckel fest auflegen und den Mangold etwa 10 Minuten dünsten, bis die Stängel zart sind. Schinken und Petersilie einrühren und pfeffern (nicht salzen).

4 Die Blätter auf der einen und die Stängel auf der anderen Seite einer Servierplatte anrichten.

patatas en ajopollo

KARTOFFELN MIT MANDELN UND SAFRAN

D ie Mandel-Safran-Sauce, eine valencianische Spezialität,
schmeckt besonders gut zu neuen Kartoffeln mit dünner
Schale. Ältere Kartoffeln sollte man schälen und in mundgerechte Stücke schneiden.

Für 4 Personen

**500 g Kartoffeln, gewaschen und gebürstet oder
geschält und in Stücke geschnitten
Salz
2 EL Olivenöl
2 El blanchierte Mandeln
1 Knoblauchzehe, fein gehackt
1 EL Semmelbrösel
1 EL frisch gehackte Petersilie
12 Safranfäden, in 1 EL kochendes Wasser eingeweicht
frisch gemahlener schwarzer Pfeffer**

1 Die Kartoffeln in Salzwasser legen und beiseite stellen.

2 Das Öl in einer kleinen Pfanne erhitzen. Die Mandeln darin goldbraun rösten, dann Knoblauch und Semmelbrösel dazugeben und ebenfalls leicht bräunen. Petersilie und Safran zufügen und alles aufkochen. Salzen und pfeffern.

3 Den Inhalt der Pfanne in der Küchenmaschine oder im Mörser mit einigen Esslöffeln Wasser zu einer dicken Paste verarbeiten.

4 Die Kartoffeln abgießen und in einen schweren Topf geben. Mandel-Safran-Paste zufügen und mit Wasser auffüllen, bis die Kartoffeln zur Hälfte bedeckt sind. Aufwallen lassen, abdecken und etwa 15 Minuten bei geringer Hitze kochen, bis die Kartoffeln fast gar sind. Nach der Hälfte der Kochzeit die Kartoffeln einmal umrühren, so dass die oberen in Kontakt mit der Hitze des Topfbodens kommen.

5 Den Deckel abnehmen und bei starker Hitze kochen, bis die Flüssigkeit zu einer dicken Sauce verdampft ist und die Kartoffeln perfekt gegart sind. Zimmertemperiert servieren.

coliflor con ajo

BLUMENKOHL MIT KNOBLAUCH

Dieses Gericht ist nach meiner Erfahrung eine der wenigen Möglichkeiten, Blumenkohl einen exotischen Geschmack zu verleihen. Einen Hauch von Luxus bekommt das Gericht, wenn man eine Hand voll Serranoschinkenwürfel dazugibt.

Für 4 Personen

1 mittelgroßer Blumenkohl
Salz
2 El Olivenöl (falls nötig, mehr)
2 Knoblauchzehen, gehackt
1 EL Oliven, entkernt und gehackt
1 EL Kreuzkümmel
1 TL *pimentón picante* (oder rosenscharfes Paprikapulver)

1 Den Blumenkohl in mundgerechte Röschen teilen. In kochendem Salzwasser garen, dann abgießen.

2 Das Öl in einer großen Pfanne erhitzen. Den Knoblauch braten, bis er weich und leicht braun ist.

3 Den abgetropften Blumenkohl zufügen und einige Minuten braten, bis er zu brutzeln beginnt und Farbe bekommt.

4 Die Oliven zufügen, den Blumenkohl mit Kreuzkümmel bestreuen, mit Salz und etwas *pimentón* oder Paprikapulver würzen und etwa 10 Minuten bei geringer Hitze braten; dabei den Blumenkohl mehrfach wenden, damit er auf allen Seiten leicht braun wird und das Aroma der Gewürze annimmt. Zimmertemperiert servieren.

pisto de berenjenas

GESCHMORTE AUBERGINEN

B ei mäßiger Hitze entfaltet sich der süße Geschmack der
Zwiebeln und bildet einen Kontrast zum weichen Fleisch
und dem erdigen Aroma der Auberginen. Die Aubergine, die
in den USA »Eierpflanze« (eggplant) heißt, weil chinesische
Einwanderer das in der asiatischen Küche beliebte Gewächs an
der Ostküste zunächst in einer kleinen, blassen und eiförmigen
Variante anbauten, gehört zu den ältesten Kulturpflanzen
des Mittelmeerraums. Ursprünglich scheint sie aus Indien zu
stammen, doch wird sie in der Küche der Iberischen Halbinsel
schon seit Urzeiten verwendet. Im Mittelmeerraum kommen
große, feste, fleischige und dunkelviolette Früchte auf den
Tisch, die vor allem in Verbindung mit Olivenöl üppige Mahl-
zeiten ergeben. Genau deshalb war die Aubergine bei der
armen Landbevölkerung Spaniens (und bei vielen modernen
Vegetariern) seit alters beliebt, erhielt den Beinamen pez de
tierra *(Erdfisch)* und diente als Fleischersatz.

Für 4 Personen

4 feste Auberginen, in Würfel geschnitten
1 TL Kreuzkümmel
Salz
4 EL Olivenöl
2 große Zwiebeln, fein geschnitten

1 Die Auberginen mit Kreuzkümmel und etwas Salz bestreuen.
Die Hälfte des Öls in einer schweren Pfanne erhitzen und die
Auberginen darin anbraten, bis sie weich und braun werden.
Haben Sie Geduld – die Auberginen saugen das Öl zuerst auf wie
kleine Schwämme, geben es dann aber wieder ab und braten ein
zweites Mal. Die Auberginen in ein Sieb geben und abtropfende
Flüssigkeit in einer Schüssel auffangen.

2 Die Abtropfflüssigkeit zurück in die Pfanne schütten und
die Zwiebeln darin braten, bis sie weich und goldgelb sind –
dieser Vorgang dauert mindestens 20 Minuten. Die Auberginen
zufügen und noch einmal 5 Minuten braten.

3 Den Pfanneninhalt auf Zimmertemperatur abkühlen lassen.
Zum Essen dicke Scheiben Bauernbrot reichen, die direkt
über dem Feuer geröstet und mit Knoblauch abgerieben wurden.
Schmeckt besonders lecker mit einigen Scheiben Manchego-Käse.

berenjenas fritas

GEBRATENE AUBERGINEN

Leicht und schnell – einfach die Auberginen in die Pfanne geben und braten. Da die Panade leicht zerfällt und die Auberginen dann nicht mehr knusprig sind, sollte man sie am besten sofort nach der Zubereitung essen. Die Panade ist gehaltvoller und bleibt länger knusprig, wenn man 4 TL (etwa 125 g) Weizenmehl Type 550 mit einer Prise Salz und etwa 125 ml Wasser zu einer cremigen Masse verrührt und direkt vor dem Braten ein Eigelb und ein mit dem Schneebesen aufgeschlagenes Eiweiß unterzieht. Die Auberginenscheiben werden dann zunächst mit Mehl bestäubt, anschließend in die Panade getaucht und schließlich ins heiße Öl gelegt. Die Panade eignet sich auch für Zwiebelringe und Zucchini (sind diese schmal und dünn, werden sie in dicke, diagonale Stücke geschnitten, um den fehlenden Umfang auszugleichen).

Für 4 Personen

2 große, feste Auberginen
etwa 150 ml Milch oder Wasser
4 gehäufte EL Weizenmehl Type 550
1 EL Grieß
1 TL Meersalz
Olivenöl zum Braten

1 Von den Auberginen den Stiel abtrennen und die Früchte in knapp 1 cm dicke Ringe schneiden. Milch oder Wasser in einen tiefen Teller geben, in einem zweiten Mehl mit Grieß und Salz mischen.

2 Eine große Pfanne etwa einen Fingerbreit mit Öl füllen und erhitzen, bis feiner blauer Rauch aufsteigt.

3 Die Auberginenscheiben erst durch Milch oder Wasser, dann leicht durch die Mehlmischung ziehen.

4 Eine Auberginenscheibe nach der anderen ins heiße Öl legen, so dass sie immer nur eine Schicht in der Pfanne bilden. Die Auberginen knusprig und goldbraun braten, dabei einmal wenden. Auf Küchenpapier abtropfen lassen. Fortfahren, bis alle Auberginen gebraten sind. Möglichst sofort servieren.

espárragos a la parilla con salsa verde

GEGRILLTER SPARGEL MIT PETERSILIENSAUCE

Wenn Sie einmal gegrillten grünen Spargel gegessen haben, werden Sie ihn immer wieder genießen wollen. Der Geschmack kommt klar zur Geltung, der Spargel bleibt saftig und wird von karamellisiertem Saft umhüllt. Zum Grillen benötigt man etwa daumendicke grüne Spargelstangen. Zuchtspargel ist in Andalusien noch ziemlich neu. Bis vor Kurzem folgten viele Spanier dem Grundsatz, dass im Laden gekaufte Ware besser sein müsse als frische, und brachten daher lieber weißen Spargel aus der Dose mit Mayonnaise-Dressing auf den Tisch als wilden grünen (espárragos trigueros, Weizenspargel genannt). Dieser galt als Armeleuteessen und wanderte bestenfalls in die Tortilla.

Für 4 Personen

1 kg grüne Spargelstangen
Öl zum Einpinseln

PETERSILIENSAUCE
4 gehäufte EL frisch gehackte glatte Petersilie (nur die Blätter)
2 Knoblauchzehen, grob gehackt
Eigelb von 1 hart gekochten Ei
2 EL Zitronensaft
150 ml Olivenöl
Salz

1 Den Spargel waschen, putzen und schälen, die holzigen
Enden abschneiden.

2 Den Grill vorheizen – er muss richtig heiß sein.

3 In der Zwischenzeit die Sauce vorbereiten. Dazu alle Zutaten
mit Ausnahme des Olivenöls in der Küchenmaschine zu einer
weichen Masse verarbeiten. Das Öl in einem dünnen Strahl
unterziehen, bis die Sauce dicklich wird.

4 Den geputzten Spargel in einer einzigen Schicht in die
Grillpfanne legen. Mit Öl einpinseln und mit Salz bestreuen.
Etwa 4 bis 5 Minuten grillen, bis die Stangen dampfen und an
einigen Stellen kleine schwarze Blasen werfen; dabei wenden,
damit alle Seiten gleichmäßig Hitze abbekommen. Die Sauce
getrennt zum Spargel reichen.

Spanien bietet eine exzellente Auswahl an feinem Gemüse.
Auf den Märkten findet man vor allem mediterrane Sorten,
die reichlich Sonne vertragen: Paprikaschoten, Auberginen
und Artischocken. An Tomaten findet man in der Regel die
großen, saftigen, unregelmäßig geformten Fleischtomaten,
wenngleich in Katalonien eine spezielle Sorte angebaut wird,
tomate de rama genannt. Ihre Früchte lässt man am Zweig
und hängt sie zum Lagern an einen Balken. Die kleinen,
unregelmäßigen, grünlichen Früchte duften intensiv, ihr Saft
ist zähflüssig, ihr Geschmack süßsauer. Man verwendet sie
für *pan amb tomaquet*, mit Knoblauch und Öl eingeriebenes
Röstbrot, auf das man zum Schluss etwas Tomatensaft gibt.

Die meisten der in Nordeuropa heimischen Gemüse-
sorten wachsen in Spanien ebenfalls: Kartoffeln und
Karotten, Lauch und Zwiebeln, Zucchini und Kohl. Grüne
Bohnen heißen auch *judías* (Jüdinnen), vielleicht weil sie
aus der Neuen Welt importiert wurden und deshalb als
Fremdlinge galten. Etwas ungebräuchlicher sind einige wild
wachsende Grünpflanzen wie *tagarninas*, die blättrigen
Rosetten einer großen Distelart, und *espárragos trigueros*,
wilder Spargel, der sehr dünn ist, aber köstlich schmeckt.
Ganzjährig bekommt man an Blattgemüsen vor allem
Mangold, an Salat den kräftigen Romanasalat, der die
spanische Sonne verträgt. Im Winter findet man unter
anderem Gemüseartischocken, ein im Winter reifendes
Mitglied der Artischockenfamilie, von dem nur der Stängel
gegessen wird. Diese Artischocken werden in großen
wolligen Bündeln auf den Märkten des Zentralplateaus und

im Norden feilgeboten. Die Basken haben eine Schwäche für Lauch und Petersilie, während die Galicier auf Steckrüben *(grelos)* schwören.

Auch Pilzliebhaber kommen in Spanien auf ihre Kosten. Im Herbst gibt es auf den Märkten vor allem in Katalonien und im Baskenland Steinpilze in Hülle und Fülle, dasselbe gilt für den Edelreizker *(Lactarius deliciosus)*, einen knallorangefarbenen Pilz mit blauen Druckstellen, der mit etwas Knoblauch und Öl gebraten zu den beliebtesten Herbst-Tapas der Bars von Valencia und Barcelona zählt. Trüffeln – und zwar eher schwarze Périgord- als weiße Piemont-Trüffeln – wachsen in einigen besonders dafür geeigneten Regionen, etwa rund um Soría, wo sich die größte Trüffeleichenpflanzung Europas befindet.

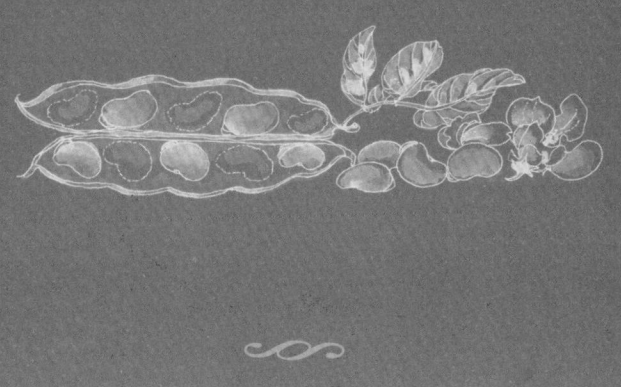

Fisch und Meeresfrüchte

pulpo encebollado con patatas

OKTOPUS MIT ZWIEBELN UND KARTOFFELN

Oktopus muss man vor dem Kochen kräftig schlagen, damit er zart wird – Fischer raten, ihn 40-mal gegen die Felsen zu werfen. Erst wenn die Tentakel sich ringeln, sei er bereit; ältere Exemplare brauchen natürlich eine längere Behandlung als jüngere. Man kann den Oktopus aber auch einfach für 48 Stunden in die Tiefkühltruhe legen.

Für 4 Personen

1 kleiner Oktopus (etwa 1 kg), gesäubert
4 EL Olivenöl
2 große Zwiebeln, dünn geschnitten
Salz
1 EL frisch gehackte Petersilie
etwa 12 Safranfäden, in wenig Wasser eingeweicht
500 g gelbfleischige Kartoffeln, geschält und
in Scheiben geschnitten
pimentón picante (oder rosenscharfes Paprikapulver
bzw. Chiliflocken)

1 Den Oktopus waschen und in mundgerechte Stücke schneiden.

2 Das Öl in einer großen Pfanne erhitzen und die Zwiebeln etwa 10 Minuten auf sehr kleiner Flamme weich und goldgelb braten. Leicht salzen, damit der Saft austritt.

3 Petersilie und Safran mitsamt Einweichwasser zufügen und aufkochen lassen.

4 Den Oktopus dazugeben und etwa 1 Stunde mit lose aufgelegtem Deckel im eigenen Saft schmoren. Falls nötig, etwas Wasser zufügen.

5 Wenn der Oktopus gar ist, die Kartoffeln zufügen und so viel Flüssigkeit zugießen, dass sie bedeckt sind. Noch etwa 15 Minuten kochen, bis die Kartoffeln gar sind. Mit Salz, *pimentón*, Paprikapulver oder Chiliflocken abschmecken.

6 Den Oktopus in tiefen Schüsseln im eigenen Saft servieren.

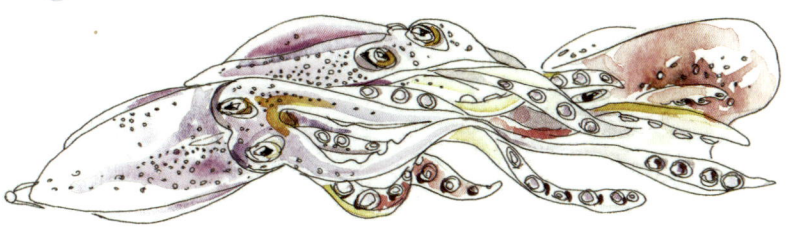

almejas en salsa de tomate con ajo

VENUSMUSCHELN IN TOMATENSAUCE MIT KNOBLAUCH

Bei diesem Gericht werden die Muscheln roh in die knoblauchhaltige Tomatensauce gegeben. Die Kochzeit ist sehr kurz, weil sich die Muscheln innerhalb von 1 bis 2 Minuten im Dampf öffnen, so dass sich der frische Meeressaft mit der Sauce mischt. Das Rezept eignet sich für alle zweischaligen Muschelarten.

Für 4 Personen

2 kg lebende Muscheln, Venus-, Mies-, Herz-, Schwert- oder Kammmuscheln (zuerst die sandige kleine Tasche mit dem Darm entfernen und gut abspülen)
½ TL Safran (etwa 12 Fäden)
4 EL Olivenöl
1 Zwiebel, fein gehackt
3–4 Knoblauchzehen, fein gehackt
1 kg reife Tomaten, gehäutet, Samen entfernt,
in Würfel geschnitten
1 EL *pimentón dulce* (oder edelsüßes Paprikapulver)
etwa 150 ml Rotwein
Salz und frisch gemahlener schwarzer Pfeffer

1 Die Muscheln waschen und einige Stunden – am besten über Nacht – in einen Eimer mit kaltem Wasser legen, damit sie ihren Sand abstoßen.

2 Den Safran 1 bis 2 Minuten in einer trockenen Pfanne rösten, bis er duftet; nicht anbrennen lassen, sonst wird er bitter. Dann die Fäden in eine Tasse mit etwas kochendem Wasser legen und etwa 15 Minuten ziehen lassen.

3 Das Öl in einer großen Pfanne erhitzen und die gehackte Zwiebel und den Knoblauch darin weich und goldbraun braten – nicht zu dunkel werden lassen.

4 Die Tomaten zufügen und aufkochen, dann zerdrücken, bis sie weich werden. *Pimentón* oder Paprikapulver, Safran mit Einweichwasser sowie Wein dazugeben. Erneut aufkochen, dann die Hitze reduzieren und etwa 20 Minuten köcheln lassen, bis die Sauce dicklich ist. Mit Salz und Pfeffer abschmecken.

5 Die rohen Muscheln zufügen, dabei zuerst prüfen, ob alle leben. Diejenigen wegwerfen, die sich nicht schließen, wenn man mit dem Messer dagegenklopft. Die übrigen aufkochen, die Hitze leicht reduzieren, einen Deckel lose auflegen und abwarten, bis sich die Muscheln im Dampf öffnen. Dabei die Pfanne immer wieder schwenken, damit die oberste Schicht unten zu liegen kommt. Pfanne je nach Pfannengröße und Dicke der Schalen nach etwa 4 bis 6 Minuten vom Herd nehmen, sobald sich alle Muschelschalen geöffnet haben.

calamares en su tinta

KALMARE IN DER EIGENEN TINTE

Ein besonders delikates und feines Gericht: Die Tinte, die ihm Farbe und Geschmack verleiht, schmeckt ein wenig nach Veilchen, jedoch nicht nach Fisch. Das Rezept gelingt auch mit Tintenfisch – wie manche meinen, sogar noch besser. Nicht jeder schafft es, die Tiere selbst zuzubereiten. Fischhändler, die sie küchenfertig verkaufen, legen auf Wunsch einen kleinen Beutel mit Tinte dazu. Wer ganz mutig ist, versucht selbst sein Glück.

Für 4 Personen

1 kg ganze Kalmare mit Tinte
3–4 EL Olivenöl
4–5 Knoblauchzehen, gehackt
1 TL getrockneter (oder 1 Zweig frischer) Thymian
1 TL getrockneter Oregano (oder frischer, der am Stängel
getrocknet ist – dann einfach die Blätter abschütteln)
2–3 Lorbeerblätter
1 kleine rote Chilischote, Samen entfernt, fein gehackt
1 Hand voll Sellerieblätter (oder Bleichselleriestangen),
fein gehackt
etwa 12 Safranfäden
frisch gemahlener schwarzer Pfeffer
½ Flasche Rotwein
Salz und Zucker

1 Die Kalmare sorgfältig säubern (Kopffüßer sind sehr sandig).

2 Wenn Sie die Tiere selbst vorbereiten, die Eingeweide mit den Tentakeln aus dem äußeren Körper ziehen, die weichen Stücke, die Augen und den harten kleinen Schnabel entfernen.

3 Das durchsichtige, knochenartige Fischbein entfernen, das den Kopf trägt – es sieht aus wie helles Plastik. Die silbrigen Tintensäckchen aus den Eingeweiden entfernen, in einem Sieb zerdrücken und die Flüssigkeit auffangen.

4 Je nach Alter und Größe können die Saugnäpfe an den Tentakeln kleine Zehennägel haben, die man wie Schuppen abkratzen muss. Kopfteil in Ringe schneiden, Tentakel hacken – wenn sie klein genug sind, kann man sie als Bündel zusammenlassen. Säubern Sie Ihre Hände sofort unter kaltem Wasser, damit sie nicht nach Fisch riechen.

5 Das Öl in einem großen Topf erwärmen und den Knoblauch zufügen. Wenn er zu brutzeln beginnt, die vorbereiteten Kalmare dazugeben. Temperatur erhöhen und rühren, bis das Fleisch steif wird und sich dunkel färbt.

6 Kräuter, Chilischote, Sellerieblätter und Safran sowie reichlich frisch gemahlenen Pfeffer zufügen. Wein einrühren, alles aufkochen. Die Hitze reduzieren, einen Deckel lose auflegen und etwa 40 Minuten köcheln lassen, bis die Kalmare gar sind und die Flüssigkeit deutlich eingekocht ist.

7 Tinte einrühren, mit Salz und Pfeffer abschmecken. Falls nötig, etwas Zucker zufügen. Sofort servieren.

sepia con habas

TINTENFISCH MIT SAUBOHNEN

D ie cremige, leicht zähe Konsistenz des Fisches passt perfekt zu den knackig-zarten Bohnen. Statt Tintenfisch können Sie auch Kalmare verwenden und statt Saubohnen weiße Bohnen, große mehlige pochas oder die kleineren nieren-förmigen habichuelas.

Für 4–6 Personen

1 kg ganzer Tintenfisch oder ganze Kalmare
2 EL Olivenöl
2 Knoblauchzehen, fein geschnitten
250 g Saubohnen *(favas)* ohne Schoten
etwa 150 ml trockener Sherry
1 EL frischer Majoran oder Oreganoblättchen
frisch gemahlener schwarzer Pfeffer und Salz

1 Den Tintenfisch säubern, das knochenartige Fischbein und die Fangarme mit den weichen Eingeweiden aus dem Körper ziehen. Innereien, die Augen- und die schnabelartige Mundpartie wegwerfen. Den Körper in Scheiben, die verbleibenden Kopfpartien in Ringe schneiden. Die Tentakel putzen und die kleinen Zehennägel abkratzen. Große Tentakel in einzelne Stücke teilen, kleine zu Bündeln zusammenfassen.

2 Das Öl in einer feuerfesten Kasserolle erwärmen, Knoblauch zufügen und weich werden lassen, ohne dass er braun wird. Den Tintenfisch dazugeben und bei sehr geringer Hitze etwa 10 Minuten kochen, bis er Saft abgibt.

3 Bohnen, Sherry und dieselbe Menge Wasser (etwa 150 ml) zufügen und aufkochen lassen. Mit Majoran oder Oregano bestreuen, mit Pfeffer würzen. Hitze reduzieren, einen Deckel lose auflegen und 20 bis 30 Minuten köcheln lassen, bis die Bohnen und der Tintenfisch gar sind.

4 Den Deckel abnehmen, die Kochtemperatur erhöhen und alles noch einmal aufkochen, um die Flüssigkeit zu einer öligen Sauce zu reduzieren. Abschmecken und salzen, falls nötig. Mit kräftigem Brot zum Auftunken der Sauce servieren.

zarzuela catalana

Katalanische Fischsuppe

Die katalanische Version der provençalischen Bouillabaisse gehört zu den typisch mediterranen Fischsuppen, in die alles hineinkommt, was gerade zur Hand ist. Fische, die zu klein, seltsam oder knochig zum Verkaufen waren, wanderten früher am Ende des Markttages in den Suppentopf der Fischweiber. Weil das Endprodukt so lecker war, blieben die Eintöpfe populär – ihr Inhalt wurde allerdings im Laufe der Zeit hochwertiger.

Für 4 Personen als Hauptgericht

500 g Seeteufel, filetiert
500 g Brachsen, filetiert
350 g geputzter Tintenfisch
500 g rohe Muscheln in der Schale
Salz und frisch gemahlener schwarzer Pfeffer
2–3 EL Mehl
100 ml Olivenöl
1 kleine Zwiebel, fein geschnitten
2 Knoblauchzehen, fein geschnitten
500 g reife Tomaten, gehäutet, Samen entfernt,
in Würfel geschnitten
1 kleine Zimtstange
etwa 12 Safranfäden, in einer trockenen Pfanne geröstet
etwa 150 ml trockener Sherry oder Weißwein
12 große rohe Garnelen oder Langustinen
2 EL frisch gehackte Petersilie

1 Fischfilets in mundgerechte Stücke und Tintenfisch in Ringe schneiden; die Tentakel als Bündel zusammenlassen. Beiseite stellen. Muscheln abschrubben und die sandigen Fäden entfernen. Alle Muscheln wegwerfen, die sich bei kräftigem Klopfen nicht schließen. Übrige Muscheln mit 500 ml leicht gesalzenem Wasser in einen großen, feuerfesten Topf geben. Zum Kochen bringen, zudecken und etwa 5 Minuten garen, bis sich die Schalen öffnen.

2 Topf vom Herd nehmen. Muscheln herausnehmen und auf eine warme Platte legen; alle wegwerfen, die sich nicht geöffnet haben. Die Brühe durch ein feines Sieb seihen und beiseite stellen.

3 Mehl, Salz und Pfeffer auf einem Teller mischen. Die Fischstücke durch das gewürzte Mehl ziehen.

4 Öl in einer großen Pfanne erhitzen. Den bemehlten Fisch darin von jeder Seite 2 bis 3 Minuten braten, bis er fest und goldbraun ist. Zu den Muscheln auf die Platte legen.

5 Die Pfanne wieder erwärmen, Zwiebel und Knoblauch darin anbraten, bis sie weich, aber nicht braun sind.

6 Tomaten, Zimt und Safran zufügen und einige Minuten aufkochen, bis die Tomaten weich werden und sich zu einer dicklichen Sauce zerdrücken lassen.

7 Den trockenen Sherry oder Weißwein angießen und aufkochen, damit der Alkohol verdampft.

8 Die Muschelbrühe zufügen und aufkochen lassen, gründlich rühren, damit sie sich mit der Tomatensauce vermischt. Mit Pfeffer abschmecken; weiteres Salz ist meist nicht nötig.

9 Garnelen oder Langustinen in die heiße Brühe legen. Aufkochen, dann kurz einen Deckel auflegen, bis sie sich dunkel färben. Garnelen auf die Platte legen, Sauce noch ein letztes Mal aufkochen, bis sie dick genug ist. Sauce über den Fisch gießen und mit reichlich Petersilie bestreuen.

Zwischen Hand und Mund ist die Suppe verloren.

Spanisches Sprichwort

bacalao a la brasa con salsa romesco

GEGRILLTER STOCKFISCH MIT PAPRIKA-MANDEL-SAUCE

Die süßliche, üppige Sauce dieser Spezialität aus der katalanischen Stadt Tarragona passt ideal zum salzigzähen Fisch. Ihre tiefrote Farbe erhält die Sauce von den gebratenen Tomaten und den runden Paprikaschoten (ñoras).

Für 4–6 Personen

**250 g Stockfisch, 48 Stunden eingeweicht
(Wasser mehrfach wechseln)**

ROMESCO-SAUCE
**2 *ñoras* (getrocknete rote Paprikaschoten), Samen und
Scheidewände entfernt, Fruchtfleisch zum Quellen eingeweicht
(siehe auch Tipp)
2 große, reife Tomaten, in Stücke geschnitten
2 Knoblauchzehen, gepresst
1 TL Salz
2 EL Semmelbrösel, in etwas Olivenöl knusprig gebraten
2 EL geröstete Mandelblättchen
1 getrocknete rote Chilischote, Samen entfernt, zerkrümelt
2 EL Rotweinessig
150 ml Olivenöl**

1 Den Fisch abtropfen lassen, Gräten und Haut vorsichtig mit den Fingern entfernen. Fisch bei starker Hitze grillen, bis das Fleisch Blasen wirft und an den Rändern schwärzlich wird. In kleine Stücke zupfen.

2 Paprika und Tomaten unter den heißen Grill legen, bis sie Blasen werfen und dunkel werden. Das Paprikafleisch von der Haut kratzen, Tomaten häuten und aushöhlen, die Samen wegwerfen. Die Früchte mit Knoblauch, Salz, Semmelbröseln und Mandeln im Mixer (oder im Mörser) zu einer Paste verarbeiten.

3 Die zerkleinerte Chilischote und den Essig zufügen, dann das Öl langsam in einem dünnen Strahl wie für eine Mayonnaise zugießen und die Paste so zu einer dicken, glänzenden Sauce verarbeiten. Den Stockfisch mit der Sauce übergießen und mit bitterem Salat servieren, etwa mit Endiviensalat oder Chicoree.

TIPP Die getrockneten roten Paprikaschoten *(ñoras)* sind hierzulande schwer zu bekommen, am besten bringt man sie aus dem Urlaub in Spanien mit. Sie lassen sich aber auch durch 2 EL *pimentón dulce* oder edelsüßes Paprikapulver ersetzen.

pez espada a la plancha con alioli

SCHWERTFISCHSTEAKS MIT KNOBLAUCHSAUCE

Schwertfisch und Thunfisch ziehen vom offenen Atlantik durch die Straße von Gibraltar, um im Mittelmeer zu laichen. Man behandelt sie eher wie Steaks, weniger wie Fisch, und häufig werden sie als Hauptgang eines Menüs serviert. Ihr Geschmack ist deftig genug, um ein alioli dazuzureichen, eine Knoblauchmayonnaise ohne Eigelb. Diese wird traditionell im Mörser zubereitet, doch genügt auch ein Mixer. Wer die Mayonnaise dicker mag, sollte ein ganzes Ei unterziehen.

Für 4 Personen

4 Schwertfischsteaks, à etwa 150 g
Salz
1 EL Olivenöl
frisch gemahlener schwarzer Pfeffer

ALIOLI
4 große Knoblauchzehen
1 EL weiße Semmelbrösel (möglichst selbst gemacht)
Saft von 1 Zitrone
½ TL Salz
300 ml Olivenöl

1 Den Fisch 20 Minuten lang in kaltes Salzwasser legen, damit das Fleisch fest wird und alles noch enthaltene Blut abfließt.

2 In der Zwischenzeit das *alioli* zubereiten. Dazu die Knoblauchzehen, Semmelbrösel, Zitronensaft und Salz im Mixer oder der Küchenmaschine zu einer dicken Paste verarbeiten. Das Öl in einem dünnen Strahl zufließen lassen, bis die Sauce emulgiert und dicklich wird.

3 Die Fischsteaks abtropfen lassen und trocken tupfen. Die Schnittflächen mit Öl einreiben, salzen und pfeffern.

4 Eine Grillpfanne oder eine schwere Bratpfanne stark erhitzen. Die Schwertfischsteaks hineinlegen und pro Seite 2 bis 3 Minuten braten; dabei nur einmal wenden. Sauce und Fisch auf einem Teller nebeneinander anrichten und servieren.

TIPP Zu *alioli* passt gebratener Fisch genauso gut wie gekochtes Gemüse – und eigentlich alles, was mit Knoblauchmayonnaise schmeckt. Man kann *alioli* auch in eine Fischsuppe rühren, um dieser mehr Konsistenz und Geschmack zu verleihen.

besugo al horno con patatas

BRACHSE MIT KARTOFFELN

Ein einfaches Rezept für frischen Fisch, das teure Luxusgerichte leicht in den Schatten stellt. Die Kartoffeln nehmen den Geschmack des Fischs an, und die Tomaten und Zwiebeln verschmelzen mit dem Öl zu einer üppigen Sauce.

Für 4 Personen

1 Brachse (etwa 1,5 kg), ausgenommen und geschuppt,
jedoch mit Kopf
grobes Meersalz
1–2 Lorbeerblätter
1 Zitrone, in Scheiben geschnitten
500 g Kartoffeln, geschält und in mundgerechte Stücke
geschnitten
500 g Zwiebeln, in Viertel geschnitten
500 g feste Tomaten, in Stücke geschnitten
500 g grüne Paprikaschoten, Samen und
Scheidewände entfernt, in Würfel geschnitten
etwa 150 ml trockener Weißwein
4 EL Olivenöl

1 Den Backofen auf 180 °C vorheizen. Den Fisch abwischen, innen und außen leicht salzen. Mit Lorbeerblättern und Zitronenscheiben füllen und bei Zimmertemperatur beiseite stellen.

2 Kartoffeln, Zwiebeln, Tomaten und Paprikaschoten in einer feuerfesten Auflaufform anrichten, Wein angießen, mit Öl beträufeln, mit Alufolie abdecken (glänzende Seite nach unten). Etwa 30 Minuten im Ofen schmoren, bis die Kartoffeln gar sind.

3 Alufolie entfernen. Den Fisch auf das Gemüsebett legen, die Folie wieder auflegen und die Auflaufform weitere 10 Minuten in den Ofen schieben, bis der Fisch gar ist. Dies ist der Fall, wenn die dicksten Stellen sich auf Fingerdruck fest anfühlen.

4 Aus dem Ofen nehmen und etwa 10 Minuten ruhen lassen, damit der Fisch überall gleichmäßig durchwärmt.

bacalao ajo arriero

STOCKFISCH NACH MAULTIERTREIBERART

E in Gericht für Reisende – Maultiertreiber –, denn Stockfisch kann man in der Tasche mitnehmen und nach Bedarf einweichen und essen. Der salzige Geschmack des Fisches, der süße Knoblauch und die scharfen Chilischoten verbinden sich so perfekt, dass das Rezept bis heute über-dauert hat, obwohl man es schon längst nicht mehr braucht. Verwenden Sie in der Mitte durchgeschnittenen Stockfisch mit heller Cremefarbe ohne rosa Färbung an der Mittelgräte. Ist der Fisch sehr weiß, wurde er vermutlich künstlich gebleicht.

Für 4 Personen

250 g Stockfisch
150 ml Olivenöl
4 rote Paprikaschoten, Samen und Scheidewände entfernt,
in Streifen geschnitten
1 ganze Knoblauchknolle, in Zehen geteilt
2–3 getrocknete Chilischoten, Samen entfernt, fein gehackt
1 EL schwarze Oliven

1 Den Fisch 1 Tag und 1 Nacht einweichen (Wasser mehrfach wechseln), jedoch nicht länger als 18 Stunden, da er sonst an Geschmack verliert.

2 Den Fisch häuten, entgräten und mit den Fingern in kleine Stücke zupfen. Ist er noch zu zäh zum Zupfen, den Fisch zuvor 5 Minuten in Wasser köcheln lassen.

3 In einer schweren Pfanne 4 EL Öl erhitzen. Paprikastreifen und Knoblauchzehen (nach Belieben geschält oder ungeschält) darin braten, bis der Knoblauch weich und goldbraun wird (nicht anbrennen lassen) und die Paprikaschoten ein wenig karamellisieren; dieser Vorgang dauert 15 bis 20 Minuten. Vom Herd nehmen und beiseite stellen.

4 Pfanne auswischen, bis nur noch ein dünner Ölfilm zu sehen ist, und erneut stark erhitzen. Die Stockfischstücke hineingeben und bei starker Hitze etwa 3 bis 4 Minuten braten, bis die Ränder sich ringeln und knusprig werden.

5 Fisch und Gemüse mischen, mit Chilischoten und einer Hand voll Oliven bestreuen. Warm servieren.

SERVIERTIPP Besonders appetitlich sieht das Gericht aus, wenn man es auf dicken Bauernbrotscheiben serviert, die man zuvor in der Pfanne geröstet hat. Gehaltvoller wird es, wenn man noch in Viertel geteilte hart gekochte Eier dazugibt.

marmitakua

THUNFISCH-KARTOFFEL-EINTOPF

Ein schlichter, köstlicher Eintopf, der seinen Namen vom Kochgeschirr hat, der marmita, einem schweren Eisenkessel, in dem baskische Fischer auf ihren langen Fahrten übers Meer ihr Abendessen zubereiteten. Die Geschichte des Gerichts macht verständlich, warum es heute zu den Spezialitäten der Sociedades Gastronómicas gehört. Diese Kochclubs wurden ursprünglich von Seeleuten gegründet, die Sehnsucht nach der Kameradschaft der Matrosen hatten. Heute werden Frauen hier stillschweigend geduldet, doch eigentlich richtet sich das Angebot der Clubs an Ehemänner und Väter, die gern kochen, jedoch die heimische Küche mehr oder weniger freiwillig ihren Frauen überlassen. Die Zutaten zur marmitakua variieren – manche lassen Knoblauch und Paprika weg –, doch die Zubereitung ist immer gleich.

Für 4 Personen

1 kg frischer Thunfisch, in mundgerechte Stücke geschnitten
etwa 150 ml Olivenöl
2 milde rote Zwiebeln, fein geschnitten
2 Knoblauchzehen, fein geschnitten
2 große, reife Tomaten, gehäutet und gehackt
2 grüne Paprikaschoten, Samen und Scheidewände entfernt,
in Würfel geschnitten
1 gestrichener TL *pimentón dulce* (oder edelsüßes Paprikapulver)
1 kg gelbfleischige Kartoffeln, geschält und
in mundgerechte Stücke geschnitten
Salz und frisch gemahlener schwarzer Pfeffer

ZUM SERVIEREN
4 dicke Scheiben Landbrot

1 Die Thunfischstücke salzen und beiseite stellen.

2 Das Öl in einem feuerfesten Topf erhitzen und die Zwiebeln zufügen. Die Zwiebeln weich und goldbraun braten, jedoch nicht anbrennen lassen.

3 Knoblauch, Tomaten, Paprika und *pimentón* oder Paprikapulver zufügen und aufkochen lassen. Die Kartoffeln dazu-

geben, im öligen Saft wenden und so viel kaltes Wasser angießen, dass alles bedeckt ist. Langsam zum Kochen bringen und mit lose aufgelegtem Deckel etwa 20 Minuten garen, bis die Kartoffeln weich sind, aber noch nicht zerfallen.

4 Den Thunfisch zufügen, einmal kräftig aufkochen lassen, dann die Hitze reduzieren. Deckel lose auflegen und weitere 5 bis 6 Minuten garen, jedoch nicht länger, da der Fisch sonst hart wird. Mit Salz und Pfeffer abschmecken.

5 In tiefen Tellern servieren und dazu dicke Scheiben frisches Landbrot oder selbst gebackenes Brot reichen. Man kann das Brot in den Teller legen und die Suppe darübergießen oder es getrennt zum Auftunken der Suppe reichen.

TIPP Spanische Köche bevorzugen Weißen Thun, *bonito blanco*, eine große Thunfischart, die in den Sommermonaten vor der Küste Kantabriens gefangen wird. Ihr festes, helles, fast cremefarbenes Fleisch schmeckt sehr fein, ähnlich wie das junger Milchkälber.

Während der hellfleischige Weiße Thun, den man in der Biscaya fängt, für gewöhnlich frisch auf den Tisch kommt, bevorzugen die Konserven- und Pökelfabriken in Valencia und Huelva den größeren Roten Thunfisch mit rubinrotem Fleisch, der den Fischern auf seinem Weg von den kalten Gewässern des Atlantiks zu den Laichgründen im östlichen Mittelmeerraum ins Netz geht. Der Fang (heute zum größten Teil Importware aus dem Pazifik) wird entweder als *atún en conserva* in Öl eingelegt und als Tapa serviert oder eingesalzen und luftgetrocknet. In dieser Form bildet er als *mojama* das Pendant zum Serranoschinken, eines der bedeutenden Luxusprodukte der spanischen Küche. In früheren Zeiten wurde haltbar gemachter Thunfisch nach Gewicht aus dem Fass verkauft, heute bekommt man ihn in Dosen und bereitet ihn mit gehackten Zwiebeln zu oder mischt das Gelbe eines hart gekochten Eis unter. *Mojama* wird in sehr dünne Scheiben geschnitten und mit etwas Olivenöl angemacht; beim besten Stück, dem butterweichen Bauchfleisch *(ventreja)*, kann man darauf aber problemlos verzichten. *Botarga de atún*, der eingesalzene, luftgetrocknete Rogen, wird zu Kaviarpreisen verkauft und über eine Meeresfrüchte-Paella gegeben oder in dünnen Scheiben auf geröstetem Landbrot gereicht, das man zuvor mit Knoblauch und Olivenöl eingerieben hat.

atún en escabeche

PIKANT EINGELEGTER THUNFISCH

Thunfisch schmeckt in einer würzigen Sauce besonders gut und ließ sich überdies auf diese Weise gut konservieren, als man noch keine Kühlschränke hatte. Die Menschen, die im Hochland fernab von der Küste lebten und wenig Zugang zu frischem Fisch hatten, konnten so ihre Kost abwechslungsreicher gestalten. Makrelen, in der Regel die preiswertesten Fische im Angebot, eignen sich für dieses Rezept ebenso gut.

Für 4 Personen

1 gehäufter EL Mehl
1 EL *pimentón dulce* (oder edelsüßes Paprikapulver)
4 dicke Thunfischsteaks, insgesamt etwa 1 kg
Salz
2 EL Olivenöl
1 mittelgroße Zwiebel, fein geschnitten
1 Knoblauchzehe, gepresst
1 kleine Karotte, in Scheiben geschnitten
1 Lorbeerblatt, zerrissen
6 Pfefferkörner, grob zerstoßen
1 TL getrockneter zerkrümelter Oregano
4 EL Sherryessig (oder anderer hochwertiger Essig)

1 Das Mehl auf einem Teller mit *pimentón* oder Paprikapulver vermischen. Die Thunfischsteaks mit Salz bestreuen und 30 Minuten ruhen lassen, damit sie fest werden und Saft abgeben. Die Flüssigkeit abgießen, den Fisch trocken tupfen und jedes Steak kurz durch die Mehlmischung ziehen.

2 Eine Pfanne erhitzen und 1 EL Öl hineingeben. Fisch ins heiße Öl legen und 2 bis 3 Minuten braten, bis das Fleisch dunkel ist und die Ränder leicht braun sind – nicht zu lange braten. Steaks in einer Schicht auf einen flachen Teller legen.

3 Die Pfanne erneut erhitzen, das restliche Öl hineingeben und die Zwiebel einige Minuten darin auf kleiner Flamme braten, bis sie weich, jedoch nicht braun ist.

4 Die übrigen Zutaten zufügen und aufkochen, damit sich ihre Aromen vermischen. Garen, bis die Karotte weich ist. Die Sauce über den Fisch gießen, ohne sie durchzuseihen. Mit einem sauberen Tuch abdecken und über Nacht kühl stellen.

5 Von Zeit zu Zeit die Sauce erneut über den Thunfisch schöpfen. Nach einem Tag ist der Fisch verzehrfertig, nach 2 oder 3 Tagen schmeckt er am besten.

empanadillas de atún

TEIGTASCHEN MIT THUNFISCH

Eine empanadilla *ist eine Teigtasche, ein praktischer Snack zum Mitnehmen. Anstelle von Hefeteig kann man auch mit Schweineschmalz und heißem Wasser zubereiteten Mürbeteig verwenden. Kleine Teigtaschen heißen* empanadilla, *die bekanntere* empanada *ist die größere Familienversion, die in einer rechteckigen Auflaufform gebacken und beim Bäcker in Stücke geschnitten nach Gewicht verkauft wird. Die Rezepte variieren: Einige Köche lassen die Tomaten weg, andere die Petersilie, wieder andere ersetzen die Zwiebeln durch Knoblauch. Anstelle von Thunfisch kann man auch Lachs nehmen; er kam früher in vielen spanischen Flüssen reichlich vor.*

Für 6–8 Personen

500 g Thunfischsteaks, in Würfel geschnitten
Salz
2 EL Öl
½ Zwiebel, in kleine Würfel geschnitten
1 rote Paprikaschote, Samen und Scheidewände entfernt,
in Würfel geschnitten
1 große Kartoffel, geschält und in Würfel geschnitten
1 große Tomate, gehäutet, Samen entfernt, in Würfel geschnitten
1 TL getrockneter Thymian
1 Prise Cayennepfeffer
etwa 150 ml Weißwein

TEIG
275 g Weizenmehl Type 550
½ TL Salz
25 g frische Hefe (oder 12 g Trockenhefe)
50 g frisches Schweineschmalz oder 50 ml Olivenöl
2 EL Weißwein
Eigelb zum Bestreichen
Öl zum Fetten

1 Den Thunfisch salzen und beiseite stellen, damit er fest wird und Flüssigkeit abgibt.

2 Für den Teig das Mehl mit dem Salz in eine warme Schüssel sieben. Frische Hefe hineinbröckeln oder Trockenhefe mit dem Mehl vermischen.

3 Das Schmalz oder das Öl in einen kleinen Topf geben, den Weißwein und 150 ml Wasser zufügen und alles auf etwa 40 °C erwärmen.

4 Die warme Flüssigkeit zum Mehl geben und mit den Handballen zu einem weichen, elastischen Teig verkneten. Mit Frischhaltefolie bedecken und etwa 1 Stunde an einem warmen Ort gehen lassen, bis der Teig das doppelte Volumen hat.

5 In der Zwischenzeit die Füllung vorbereiten. Dazu das Öl in einer großen Pfanne erhitzen und die Zwiebel, Paprika- und Kartoffelwürfel darin goldbraun und weich dünsten.

6 Tomate zufügen, mit Thymian, Salz und einer Prise Cayennepfeffer würzen und aufkochen lassen. Den Wein zugeben, erneut aufkochen, damit der Alkohol verdampft, dann vom Herd nehmen und die Thunfischwürfel einrühren. Beiseite stellen, während der Teig weiterverarbeitet wird.

7 Den Teig in 20 Stücke schneiden. Jedes Stück zwischen zwei Lagen Frischhaltefolie zu einem faustgroßen Kreis ausrollen. Etwas Füllung auf die eine Hälfte geben, dabei einen Rand frei lassen. Rand mit etwas Wasser befeuchten, die andere Teighälfte darüberklappen und die Ränder fest verschließen. Fortfahren, bis alle Teigstücke und die gesamte Füllung aufgebraucht sind.

8 Die obere Teigseite einstechen und mit dem verquirlten Eigelb bestreichen. Teigtaschen auf ein geöltes Backblech legen und noch einmal 30 Minuten an einem warmen Ort gehen lassen.

9 Backofen auf 190 °C vorheizen. Teigtaschen je nach Dicke des Teiges 10 bis 15 Minuten backen, bis sie aufgehen und eine braune Kruste bekommen. Zum Abkühlen auf ein Kuchengitter legen. Zimmertemperiert servieren.

TIPP Um die Tomaten zu häuten, diese kreuzförmig einritzen und für etwa 10 Sekunden in eine hitzebeständige Schüssel mit kochendem Wasser legen. Abgießen und kurz in eine andere Schüssel mit kaltem Wasser legen. Mit der Spitze eines scharfen Messers die Haut von der Einritzstelle her abziehen.

guiso de pescado

FISCHEINTOPF

Schlicht, aber klassisch – dieser Fischeintopf kommt ohne teure Zutaten aus. Bitten Sie den Fischhändler um Köpfe und Gräten für die Brühe. Anstelle von frischem Fisch können Sie auch Stockfisch, bacalao, verwenden. Diesen müssen Sie jedoch je nach Dicke für bis zu 36 Stunden einweichen (das Wasser mehrfach wechseln).

Für 4 Personen

1 kg weißes Fischfilet
Salz
150 ml Olivenöl
2 große Zwiebeln, geschnitten
3–4 Knoblauchzehen, geschnitten
1 EL gehackter Serranoschinken
300 ml Weißwein
1 l Fischbrühe (aus Köpfen und Gräten gekocht)
1 Lorbeerblatt
1 kg gelbfleischige Kartoffeln, geschält und
der Länge nach geschnitten
500 g Mangold oder Spinat, grob zerkleinert

1 Falls nötig, die Fischhäute und etwaige noch sichtbare Gräten entfernen. Die Filets in mundgerechte Stücke teilen. Leicht salzen und beiseite stellen.

2 Öl in einer großen Pfanne erwärmen. Zwiebeln und Knoblauch zufügen, leicht salzen und bei schwacher Hitze etwa 20 Minuten braten, bis sie weich und golden, jedoch nicht braun sind.

3 Den Serranoschinken zufügen, Wein und Brühe angießen, Lorbeerblatt dazugeben und die Flüssigkeit bei starker Hitze auf die Hälfte einkochen.

4 Die Kartoffeln zufügen und 15 bis 20 Minuten köcheln lassen, bis sie gar sind. Nun den Mangold oder den Spinat dazugeben und aufkochen, bis die Blätter zusammenfallen.

5 Fisch zugeben und erneut aufkochen lassen. 4 bis 5 Minuten garen – gerade so lange, bis der Fisch sich dunkel färbt. In tiefen Tellern servieren und mit Löffel und Gabel essen.

Durch die lange Küstenlinie am Mittelmeer und am Atlantik ist Spanien mit Fisch und Meeresfrüchten reich gesegnet. Der größte Anteil des Fangs kommt frisch und unverarbeitet auf den Markt; über Nacht gelangt er auch nach Madrid und in die anderen Städte im Landesinneren. Die Auswahl ist so groß, dass die Bezeichnungen der Arten von Küste zu Küste, ja von Hafen zu Hafen wechseln. Wer als Auswärtiger in einer Bar Meeresfrüchte bestellt, muss daher oft mit dem Finger auf das Gewünschte zeigen. Um die Wahl zu erleichtern, liegen die Delikatessen aus dem Meer aber meist offen in einer gekühlten Vitrine. Der Preis wird nach Gewicht berechnet und der Fisch auf Bestellung zubereitet.

Hummer und Garnelen zählen zu den Luxusgütern und werden oft importiert – entsprechend hoch ist ihr Preis. Zu den weniger gängigen Meeresfrüchten gehören Seetomaten, Seezitronen und Seedatteln, Seeigel, Meeresschnecken mit gepunkteter Schale, Spinnenkrabben, Strandkrabben und die besonders geschätzten Entenmuscheln, die in Kolonien an Felsen hängen, wie ein Bündel winziger Elefantenfüße aussehen und wie Hummer schmecken. Dazu kommen natürlich noch die bekannten zweischaligen Muscheln – Miesmuscheln, Austern, Venus-, Schwert-, Kamm- und Herzmuscheln. Kein Wunder, dass so viele spanische Toprestaurants sich auf Meeresfrüchte spezialisiert haben.

Die größeren Fischarten, vor allem solche, die sich für Steaks eignen, wie Schwert- und Thunfisch, erzielen höhere Preise und sind relativ langlebig, weshalb sie häufig in andere Gegenden verschifft werden. Kleinere, gastronomisch weniger wichtige Arten bleiben dagegen in der Region, in

der sie gefangen werden, und landen vorzugsweise in den Bratpfannen der Hausfrauen. Keiner brät so guten Fisch wie die Andalusier – ein Sprichwort sagt, dass sie sogar die Gischt perfekt braten würden, wenn sie sie bloß fangen könnten. So aber begnügen sie sich mit Kalmaren und Tintenfischen, mit Sardinen, Sardellen, Seeanemonen und Sandgarnelen. Beliebt sind auch die süßfleischigen kleinen Plattfische *(chanquetes)*, die in den Gezeitenbecken leben – winzige Tierchen mit stecknadelkopfgroßen Augen, die allerdings nicht mehr gehandelt werden dürfen. Am köstlichsten jedoch schmeckt die Meerbarbe, ein schöner Fisch mit glänzenden dunklen Augen und goldfarbenen Schuppen, für den man ruhig tief in die Tasche greifen sollte, wenn er frisch daherkommt.

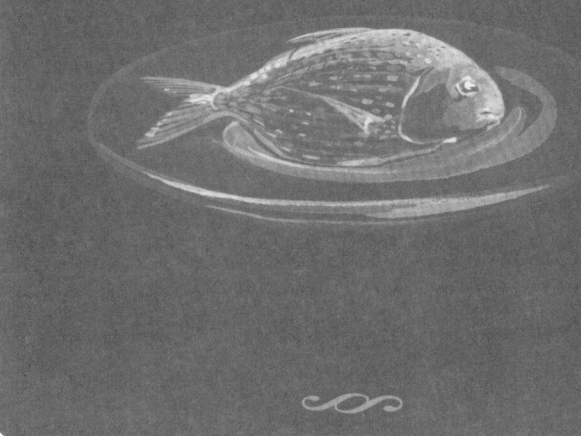

Hülsenfrüchte

habas con castañas

SAUBOHNEN MIT KASTANIEN

Kastanien und Saubohnen (favas) waren die wichtigsten lagerbaren Grundnahrungsmittel im mittelalterlichen Europa, bevor mit Mais, Kartoffeln und Gartenbohnen schnell wachsende Arten aus der Neuen Welt herüberkamen. In den Sierras entlang der portugiesischen Grenze, einem Landstrich extremer Temperaturen, in dem die Schweinezucht eine wichtige Rolle spielt, sind die Sommer glühend heiß und die Winter eiskalt. Hier ernährt die Kastanie noch Mensch und Tier gleichermaßen. In diesem Gericht aus den Sierras von Sevilla werden getrocknete Saubohnen mit getrockneten Kastanien kombiniert. Abgerundet wird das Ganze mit cilantro, frischem Koriandergrün, das sonst nirgendwo in Spanien zu finden ist. Es gelangte in die Gegend vermutlich durch den Handel mit Schweinehirten aus Portugal, die ihrerseits durch den Handel mit Fernost auf den Geschmack gekommen waren.

Für 6–8 Personen

350 g getrocknete Saubohnen, über Nacht eingeweicht
1 kurzer Serranoschinkenknochen oder 1 Stück
durchwachsener Speck am Knochen
¼ Hähnchen
350 g getrocknete Kastanien, über Nacht eingeweicht
(oder 500 g frische ohne Schale)
2 EL Olivenöl
1 Zwiebel, grob gehackt
1 große Karotte, gehackt
1 Thymianzweig
1 Lorbeerblatt
Salz
½ TL zerstoßene schwarze Pfefferkörner
1 kleine Zimtstange

ZUM ABRUNDEN
etwa 250 g Kürbis, entkernt, geschält und
in Würfel geschnitten
etwa 2 EL frisch gehackter Koriander
1–2 frische (weiche) Chorizos, zerkrümelt und gebraten
(nach Belieben)

1 Die Bohnen abgießen und mit dem Schinken oder Schinkenspeck und dem Hähnchen in einen großen feuerfesten Topf geben. Genug Wasser zugießen, um alles etwa zwei Fingerbreit zu bedecken. Zum Kochen bringen und aufsteigenden grauen Schaum abschöpfen.

2 Kastanien, Öl, Gemüse, Kräuter und Gewürze dazugeben und erneut aufkochen. Die Hitze reduzieren, einen Deckel lose auflegen und alles 1 bis 1½ Stunden köcheln lassen, bis die Bohnen und die Kastanien weich sind. Die Kürbiswürfel zufügen. Nochmals 15 Minuten bei starker Hitze kochen, bis der Kürbis ganz weich ist. Abschmecken und, falls nötig, nachwürzen. Zum Schluss eine gute Hand voll gehackten Koriander darübergeben.

3 In Suppentellern mit Brot zum Auftunken der Sauce servieren. Nach Belieben noch die im eigenen Saft gebratenen, zerkrümelten Chorizos über das Gericht verteilen. Ein Glas Rotwein dazu schmeckt herrlich – und hilft beim Verdauen.

puchero andaluz

EINTOPF MIT KICHERERBSEN UND HUHN

Spaniens pucheros *und* cocidos *umfassen alle Arten von Eintöpfen, bei denen Hülsenfrüchte und Fleisch oder Knochen zusammen in einem großen Topf gekocht werden. Ursprünglich stammen diese Gerichte aus dem maurischen Andalusien und verbreiteten sich von da aus im ganzen Land. Jede Region hat ihre eigenen Rezepte, deren Zutaten wiederum nach Lust und Laune von Haushalt zu Haushalt abgewandelt werden, je nachdem, was schmeckt und gerade verfügbar ist. In Andalusien, wo ich die spanische Küche kennenlernte, war das nachfolgende Rezept besonders beliebt. Meine Kinder nannten es »Bohnen und Knochen« und bestehen bis heute darauf, dass ich es bei Familienfesten koche.*

Für 4–6 Personen

500 g Kichererbsen, über Nacht eingeweicht
½ Knoblauchknolle (etwa 6 Zehen)
1 kurzer Schinkenknochen oder 1 Stück
durchwachsener Speck am Knochen
½ Hähnchen, in 2 Viertel geteilt (am besten Suppenhuhn,
ansonsten ein normales)
1 Lorbeerblatt
½ TL Koriandersamen
6–8 schwarze Pfefferkörner
1 Zwiebel, grob gehackt
1 Lorbeerblatt und 1 Majoranzweig

ZUM ABRUNDEN
1–2 große Kartoffeln, geschält und in mundgerechte Stücke
geschnitten
1 große Hand voll Spinat- oder Kohlblätter, in Streifen
geschnitten
Salz
2 TL Olivenöl

1 Die Kichererbsen abgießen und in einen Topf mit Wasser geben. Zum Kochen bringen und den grauen Schaum abschöpfen.

2 Die Knoblauchknolle auf ein Messer spießen und in eine Flamme halten, bis die papierartige Haut an den Rändern schwarz wird und es leicht nach geröstetem Knoblauch riecht. Knoblauch mit Schinken oder Schinkenspeck in den Topf geben, das Huhn, das Lorbeerblatt, die Koriandersamen und die Pfefferkörner dazugeben. Zwiebel und Kräuter zufügen; nicht salzen.

3 Aufkochen lassen, dann die Hitze reduzieren. Zudecken und 1½ bis 3 Stunden kochen, bis die Kichererbsen weich sind.

4 Die Suppe bei gleichbleibender Temperatur weiterköcheln lassen; nicht salzen, da die Kichererbsen sonst nicht weich werden. Falls nötig, kochendes Wasser zufügen. 30 Minuten vor Ende der Garzeit die Kartoffeln zufügen.

5 10 Minuten vor Ende der Garzeit den Spinat oder den Kohl unterrühren. Erst kurz vor dem Servieren Salz und Öl zufügen.

SERVIERTIPP Den Eintopf in Suppentellern mit reichlich Brot und einem Salat aus Romanablättern und Zwiebeln als Beilage servieren.

Die Saubohne *(fava)* ist die ursprüngliche Altweltbohne; man verwendete sie in getrockneter, haltbarer Form. Nach 1492 wurde sie durch Bohnen aus der Neuen Welt ersetzt, hatte damals jedoch schon einem der berühmtesten spanischen Bohnengerichte, der asturischen *fabada*, seinen Namen gegeben. »Das« authentische *fabada*-Rezept existiert nicht; heute enthält das Gericht zuweilen nicht einmal Bohnen ... Es gibt schlichte *fabadas* und Luxusvarianten, solche mit mehreren Fleischsorten und solche, die nur das Allernötigste enthalten. Die Asturier behaupten überdies, das französische Cassoulet sei nichts weiter als eine *fabada asturiana* von der falschen Seite der Pyrenäen, die sich zu wichtig nehme.

In den Vorratskammern der präkolumbianischen Zeit hatte die Saubohne durchaus Gesellschaft: Kichererbsen, getrocknete Kastanien und Linsen gehörten im mittelalterlichen Spanien zu den Grundnahrungsmitteln. Bohnengerichte – Eintöpfe, die oft in zwei oder sogar drei Gängen serviert werden – sorgen in Arbeiterhaushalten bis heute für eine ausgeglichene Kost. Jede spanische (und jede portugiesische) Region kombiniert Bohnen und Fleisch auf ihre Weise, doch überall ist irgendeine Art von *embutido* enthalten – eine Einlage aus Schweinswurst oder Schweinefleisch –, während die übrigen Zutaten vom saisonalen Angebot, vom Preis und von lokalen Vorlieben abhängen. In Andalusien und der Levante sind Kichererbsen beliebt. Im Norden bevorzugt man die große, flache, cremige Limabohne. In Madrid ist der Eintopf am üppigsten, hier wandern auch Rindfleisch und eine Vielzahl lokaler Zutaten sowie solche aus anderen Regionen hinein. Übrig gebliebene Brühe *(caldo)* benutzt man zur Herstellung von Kroketten (siehe S. 34) oder als Grundlage für eine Vorspeisensuppe.

garbanzos con callos

KICHERERBSEN MIT CHILI UND KUTTELN

Die weiche, leicht klebrige Konsistenz der Kutteln liebt oder hasst man, in jedem Fall aber passt sie besonders gut zu Kichererbsen und Chilis. Das Gericht ist auch unter dem Namen callos a la madrileña *bekannt und ist ein Renner in den Tapasbars der Hauptstadt. Innereien sind eher etwas für Städter als für Landbewohner, denn die Schlachtabfälle der Metzger bekommt man in Städten mit eigenem Schlachthof einfacher und frischer. Man findet sie unter anderem in Häfen, die Schiffe mit Viktualien versorgten, vor allem in jenen, die den Transatlantikhandel belieferten, also in Sevilla und Cádiz.*

Für 4–6 Personen

500 g Kichererbsen, über Nacht eingeweicht
500 g küchenfertige Kutteln, in Würfel oder
schmale Streifen geschnitten
1 EL Serranoschinkenwürfel oder 1 kurzer Schinkenknochen
2 Knoblauchzehen, gepresst
2 Lorbeerblätter
125 g Chorizo
½ TL schwarze Pfefferkörner, zerstoßen

SAUCE
4 EL Olivenöl
2 Knoblauchzehen, gepresst
1 rote Paprikaschote, Samen und Scheidewände
entfernt, geschnitten
500 g Tomaten, gehäutet und gehackt (oder 1 Dose)
6–8 kleine Chilischoten, frisch oder getrocknet,
Samen entfernt, fein gehackt
etwa 150 ml Rotwein
Salz und Cayennepfeffer (nach Belieben)

1 Die Kichererbsen abgießen und mit den Kutteln, Schinken oder Schinkenknochen, Knoblauch, Lorbeerblättern, Chorizo und Pfefferkörnern in einen großen, feuerfesten Topf geben. Alles zwei Fingerbreit mit Wasser bedecken.

2 Zum Kochen bringen, den aufsteigenden grauen Schaum abschöpfen und die Hitze leicht reduzieren – die Kichererbsen sollten jedoch stetig kochen. 1½ Stunden mit lose aufgelegtem Deckel köcheln lassen, bis die Kichererbsen weich sind und den größten Teil der Flüssigkeit aufgenommen haben. Falls Sie Wasser zufügen müssen, sollten Sie darauf achten, dass es bereits kocht.

3 In der Zwischenzeit die Sauce zubereiten: Das Öl in einer Pfanne erhitzen, Knoblauch und Paprika bei geringer Hitze anbraten, bis sie weich und goldgelb sind.

4 Die Sauce mit Tomaten, Chilis und Wein aufkochen, die Hitze reduzieren und alles 20 bis 25 Minuten zu einer dicklichen Sauce einkochen lassen.

5 Die Sauce in den Eintopf rühren, sobald die Kichererbsen gar sind. Alles zusammen weitere 10 bis 15 Minuten bei geringer Hitze kochen, damit sich die Aromen verbinden. Nach Belieben mit Salz und etwas Cayennepfeffer abschmecken – Schärfe wirkt bei Kutteln wahre Wunder.

olla podrida

BOHNENEINTOPF MIT CHORIZO, HUHN UND RIND

Dies ist der mächtige Bohneneintopf aus Madrid, auch
cocido madrileño genannt – so extravagant, wie man
es von der politischen Hauptstadt Spaniens erwarten darf,
und zugleich unglaublich variabel, was die Zutaten betrifft.
Kichererbsen bilden zwar traditionell die Grundlage, doch als
ich in den 1950er Jahren als Teenager in Madrid lebte,
bereitete die Köchin meiner Mutter den Eintopf mit weißen
Bohnen (habichuelas) zu, weil sie diese Bohnenart für
moderner und besser verträglich hielt. Im Herbst kamen noch
Süßkartoffeln und Äpfel hinein, im Winter Quitten.

Für 6–8 Personen

750 g weiße Bohnenkerne, über Nacht eingeweicht
½ Knoblauchknolle (etwa 6 Zehen)
1 kurzer Serranoschinkenknochen
oder 1 Stück Schinkenspeck am Knochen
4 EL Olivenöl
1–2 Lorbeerblätter
2 getrocknete rote Paprikaschoten, Samen und Scheidewände
entfernt, in Teile gezupft, oder 1 frische rote Paprikaschote,
Samen und Scheidewände entfernt, geschnitten
½ TL Pfefferkörner, zerstoßen
1 kleines Suppenhuhn (am aromatischsten schmecken alte
Hennen, notfalls geht auch ein junges Huhn)
750 g Rindfleisch am Stück (vorzugsweise Hachse)
500 g Schweinebauch, gepökelt oder frisch
1–2 große Karotten, in Stücke geschnitten
1 Zwiebel, mit 2–3 Gewürznelken gespickt
Salz und frisch gemahlener schwarzer Pfeffer

TOMATENSAUCE
1 Zwiebel, in Würfel geschnitten
2 EL Olivenöl
1 kg reife Tomaten, gehäutet und gehackt

ZUM ABRUNDEN
250 g Chorizo
250 g Morcilla oder Blutwurst
1 große Süßkartoffel, geschält und in Stücke geschnitten
1 kleiner Kopf Grünkohl
2 grüne Äpfel, geschält, ohne Kerngehäuse, in Stücke geschnitten
1 EL Olivenöl

1 Die Bohnen abgießen, in einen schweren Topf geben und zwei Fingerbreit mit kaltem Wasser bedecken. Zum Kochen bringen und den aufsteigenden grauen Schaum abschöpfen.

2 In der Zwischenzeit den Knoblauch auf ein Messer spießen und in eine Flamme halten, so dass die papierartige Außenhaut anbrennt und die Zehen leicht geröstet werden. Den Knoblauch zusammen mit Schinken- oder Schinkenspeckknochen, Öl, Lorbeer, Paprikaschoten und Pfefferkörnern in den Topf geben, zum Kochen bringen und anschließend die Hitze leicht reduzieren. Den Deckel auflegen und köcheln lassen; falls nötig, kochendes Wasser nachgießen. Die Garzeit von Bohnen ist sehr unterschiedlich, zwischen 1 und 3 Stunden ist alles möglich.

3 In der Zwischenzeit Huhn, Rind- und Schweinefleisch mit der Karotte und der gespickten Zwiebel in einen anderen Topf geben und alles vollständig mit Wasser bedecken. Salzen und pfeffern. Zum Kochen bringen, den Schaum abschöpfen und die Hitze reduzieren. Den Deckel lose auflegen, alles köcheln lassen, bis das Fleisch gar ist.

4 In einem kleinen Topf die Tomatensauce zubereiten. Dazu die Zwiebel bei geringer Hitze im Öl weich und leicht braun braten, dann die Tomaten zufügen. Aufkochen lassen und die Tomaten mit der Gabel zu einer dicken, glänzenden, tiefroten Sauce zerdrücken. Salzen, pfeffern und beiseite stellen.

5 Wenn die Bohnen weich, jedoch noch nicht matschig sind, Chorizo, Blutwurst und Süßkartoffel zufügen. Aufkochen und bei geringer Hitze köcheln lassen. Nach 20 Minuten testen, ob alles gar ist.

6 In der Zwischenzeit den Kohl zubereiten. Dazu den harten Strunk mit einem scharfen Messer entfernen, dann den Kohl in dicke Streifen schneiden, so dass jeder Streifen noch an einem Stängelstück hängt. Kohl in einen großen Topf legen und einige Schöpfkellen Brühe vom Fleisch dazugeben. Aufkochen lassen, dann die Äpfel zufügen. Topf fest verschließen und Kohl etwa 5 Minuten kochen, bis er weich, aber noch glänzend und grün ist.

7 Zum Schluss den Eintopf abschmecken und, falls nötig, salzen (wenn das Schweinefleisch gepökelt war, ist der Salzgehalt höher). 1 EL Öl unterrühren. Chorizo und Morcilla aus dem Bohneneintopf nehmen und mit dem Fleisch aus dem anderen Topf auf eine Servierplatte legen. Etwas Brühe darüberschöpfen. Auf einer anderen Platte Fleisch, Gemüse und Bohnen getrennt anrichten.

8 Zunächst die Bohnenbrühe mit der Fleischbrühe in tiefen Tellern servieren, in die man nach Belieben eine Scheibe mit Knoblauch abgeriebenes Röstbrot legen kann. Bohnen, Fleisch und Gemüse, darunter auch Kohl mit Äpfeln, als zweiten Gang servieren und die Tomatensauce separat dazureichen.

fabada asturiana

LIMABOHNEN MIT SCHWEINEFLEISCH

Die Asturier – Bauern, die im Hochland Milchwirtschaft betrieben und daher eine lange Tradition als Selbstversorger haben, – ziehen die ursprünglich in Peru heimische Limabohne, eine große, elfenbeinfarbene Bohnenart, anderen haltbaren Sorten vor, die von der runderen und kleineren braunen Bohne aus Mexiko abstammen. Limabohnen vertragen nicht nur das kalte Klima der höchsten Gebirgskette Spaniens gut, sie werden auch im Eintopf besonders cremig und weich.

Für 6–8 Personen

750 g kleine Limabohnen, über Nacht eingeweicht
½ Knoblauchknolle (etwa 6 Zehen)
1 große Karotte, in Würfel geschnitten
2 kleine Steckrüben, geschält und in Würfel geschnitten
2 Selleriestangen, in Würfel geschnitten
500 g Schweinerippe
250 g Chorizo
250 g Morcilla oder Blutwurst (nach Belieben)
Meersalz und frisch gemahlener schwarzer Pfeffer
(nach Belieben)

1 Die Bohnen abgießen und waschen. Mit den übrigen Zutaten in einen Suppentopf geben und zwei Fingerbreit mit Wasser bedecken. Nicht salzen.

2 Zum Kochen bringen, dann die Hitze reduzieren. Den Deckel lose auflegen und alles 1 bis 2 Stunden köcheln lassen, bis die Bohnen gar sind und das Fleisch so zart ist, dass man es mit dem Löffel essen kann. Nach Belieben salzen und pfeffern.

SERVIERTIPP In tiefen Tellern servieren, nach Belieben eine Schüssel mit gehackter Petersilie und rohen Zwiebeln dazureichen, aus der sich jeder bedienen kann.

habas verdes con longaniza y gachas de maíz

FLAGEOLET-BOHNEN MIT LONGANIZA UND POLENTA

In Nordspanien schätzt man die getrockneten, grün geernteten weißen Bohnen, die in Frankreich flageolets heißen, wegen ihres feinen Geschmacks und ihrer leicht klebrigen Konsistenz. Bei diesem Gericht aus Katalonien werden sie mit der langen, luftgetrockneten, salamiähnlichen longaniza kombiniert und mit knusprig gebratenen Polentastreifen serviert.

Für 4–6 Personen

350 g grüne Flageolet-Bohnen, 2–3 Stunden eingeweicht
100 g Serranoschinken oder magerer Schinkenspeck,
in Würfel geschnitten
2–3 Knoblauchzehen, geschält
1 Lorbeerblatt
1 kleiner Thymianzweig
½ TL Pfefferkörner, zerstoßen

1 *longaniza* oder 150 g weiche Chorizo,
in Scheiben geschnitten oder zerkrümelt
1 EL Schweineschmalz oder Olivenöl
250 g Polenta, aus Maisgrieß fertig zubereitet
4 EL frisch gehackte Petersilie
1 EL frisch gehackte Minze
Salz (nach Geschmack)

1 Bohnen abgießen und mit Schinken oder Schinkenspeck, Knoblauch, Lorbeerblatt, Thymianzweig und Pfefferkörnern in einen großen Topf geben. Alles mit reichlich kaltem Wasser bedecken – die Bohnen benötigen viel Platz zum Quellen. Zum Kochen bringen, abschöpfen und etwa 1 Stunde köcheln lassen, bis die Bohnen weich sind. Falls nötig, etwas Wasser nachgießen; die Bohnen sollten saftig sein, aber nicht schwimmen.

2 In der Zwischenzeit die Wurst in etwas Schmalz oder Öl braten, bis sie an den Rändern braun wird. Aus der Pfanne nehmen und beiseite stellen. Polenta in Würfel schneiden und im Bratfett braten, bis sich auf allen Seiten eine knusprige Kruste gebildet hat.

3 Petersilie und Minze unter die Bohnen rühren. Abschmecken und, falls nötig, nachsalzen. Die *longaniza* oder die Chorizo auf die Bohnen legen, Polentawürfel separat dazureichen.

potaje de lentejas

Linsensuppe mit Schweinefleisch und Frühkohl

Mehlige, nussige Linsen sind das »Fastfood« unter den Hülsenfrüchten, weil man sie nicht einweichen muss. Für Suppen sollte man die großen, grünlichbraunen spanischen Linsen wählen, die im Topf zerfallen und das Aroma von allem anderen annehmen. Die kleineren, dunkleren und härteren französischen Le-Puy-Linsen eignen sich weniger gut – sie behalten ihre Form und werden nie richtig weich.

Für 4 Personen

500 g Schweinebauch, in Würfel geschnitten
500 g grünbraune Linsen
½ Knoblauchknolle (etwa 6 dicke Zehen), ungeschält
2–3 Chorizos (oder 100 g Schweineschulter,
in Würfel geschnitten, mit 1 EL *pimentón dulce*
bzw. edelsüßem Paprikapulver vermengt)
500 g Tomaten (frisch oder aus der Dose), grob gehackt
½ TL Kreuzkümmel und etwas Meersalz

Zum Abrunden
1 große Kartoffel, geschält und in Würfel geschnitten
250 g Frühkohl oder Spinat, in Streifen geschnitten
2 EL kaltgepresstes Olivenöl
2–3 hart gekochte Eier (nach Belieben)

1 Das Fleisch von Sehnen und Knorpeln befreien, jedoch kein Fett entfernen, da die Linsen es aufnehmen und es den Geschmack verbessert. Linsen verlesen und kleine Steinchen entfernen. Knoblauch auf ein Messer spießen und in eine Flamme halten, bis die papierartige Haut angesengt wird, sich schwarz färbt und der Knoblauch leicht karamellisiert.

2 Fleisch, Linsen, Knoblauch, Wurst, Tomaten und Kreuzkümmel mit 2 Liter Wasser in einen großen Topf geben. Leicht salzen und zum Kochen bringen. Die Hitze reduzieren, den Deckel lose auflegen und etwa 40 bis 50 Minuten köcheln lassen, bis die Linsen gar sind und in der Brühe zerfallen. Gelegentlich umrühren, damit nichts anhaftet, und Wasser nachgießen, falls der Eintopf zu trocken ist.

3 Wenn die Linsen gar sind, die Kartoffelwürfel zufügen. Erneut aufkochen lassen, dann die Hitze wieder reduzieren. Den Deckel auflegen und 10 Minuten kochen, bis die Kartoffeln fast weich sind (Messerprobe). Den Frühkohl oder Spinat einrühren und weitere 5 Minuten kochen lassen. Das Öl einrühren und nochmals aufkochen, damit es sich mit der Brühe verbindet – es verschwindet wie von Zauberhand und macht die Suppe seidenweich, ohne dass man eine Spur von ihm sieht. Die Suppe abschmecken und, falls nötig, nachwürzen.

4 Die Suppe in tiefe Teller schöpfen und nach Belieben die hart gekochten Eier hineingeben. Dazu einen schlichten jungen Rotwein reichen – etwas Säure hilft der Verdauung.

Geflügel

galantina de gallina

ENTBEINTES HÄHNCHEN MIT FÜLLUNG

Freilandhähnchen, kalt verzehrt und ganz ähnlich serviert wie französische paté, lohnt die Mühe des Entbeinens. Auf spanischen Märkten findet man an Ständen mit Schinken auch fertig zubereitetes kaltes Fleisch. Als noch jede Hausfrau auf dem Land der Eier wegen Hühner hielt, verwendete man kein Brathähnchen, sondern Hennen, die das Legealter hinter sich hatten.

Für 6–8 Personen

1 Freilandhähnchen, etwa 1,5 kg
500 g Hackfleisch vom Schwein (bitten Sie den Metzger
um fettes Fleisch aus Schulter oder Bauch)
500 g Hackfleisch vom Rind (Kalb oder Jungrind)
etwa 150 g Semmelbrösel
300 ml Weißwein
2 Eier, leicht geschlagen
Salz und frisch gemahlener schwarzer Pfeffer
¼ TL frisch geriebene Muskatnuss
1 Zwiebel, geviertelt
1 große Karotte, in Stücke geschnitten
2–3 grüne, ungebleichte Selleriestangen
1–2 Lorbeerblätter
½ TL Pfefferkörner

1 Um das Hähnchen zu entbeinen, den Vogel auf die Brust legen (mit dem Rücken nach oben) und mit einem scharfen Messer mit dünner Klinge einen langen Schlitz entlang dem breiten Rückenknochen machen.

2 Das Fleisch vom Gerippe lösen, als ob man ein Buch aufschlägt – erst auf der einen, dann auf der anderen Seite; dabei mit dem Messer Haut und Fleisch vom Gerippe trennen. Das Fleisch von den Beinen ziehen und die Haut an den Schlegeln lösen. Die Flügel am zweiten Gelenk abtrennen – sie müssen nicht entbeint werden.

3 Am Gerippe entlang und weiter über die Brust hin arbeiten, um das Fleisch vom Brustkorb zu lösen. Den Brustknochen mit einem Schnitt durch den weichen Knorpel freilegen, die Haut dabei intakt lassen.

4 Das entbeinte Hähnchen mit der Fleischseite nach oben auf den Tisch legen. Den größten Teil der Brustfilets und die dicken Teile des Beinfleischs entfernen, grob hacken und mit dem Hackfleisch und den Semmelbröseln zu einer festen Mischung verarbeiten.

5 Mit 2 bis 3 EL Wein befeuchten, dann das verquirlte Ei unterarbeiten und mit Salz, Pfeffer und etwas Muskatnuss würzen.

6 Die Mischung zu einer Wurst formen und auf das entbeinte Hähnchen legen. Das Fleisch darüberklappen und formen, die Öffnungen mit einer dicken Nadel und Küchengarn zunähen. In ein sauberes Leinentuch schlagen und zubinden oder zunähen, damit eine feste, hähnchenförmige Rolle entsteht.

7 Die Rolle in einen möglichst passgenauen feuerfesten Topf legen. Die restlichen Zutaten, auch den übrigen Wein, zufügen und alles mit Wasser bedecken.

8 Salzen, zum Kochen bringen und die Hitze reduzieren. Zudecken und etwa 1½ Stunden auf kleiner Flamme köcheln lassen, bis das Fleisch fest und gar ist. Vom Herd nehmen und in der Kochflüssigkeit abkühlen lassen.

9 Nach dem Abkühlen das Hähnchen auswickeln und in eine passende Kastenform legen. Mit einem Küchenbrett beschweren und über Nacht im Kühlschrank fest werden lassen.

SERVIERTIPP In Scheiben schneiden und als Vorspeise oder leichtes Sommeressen servieren. Dazu Kartoffelsalat mit selbst gemachter Mayonnaise reichen.

ALLES ÜBER GEFLÜGEL

In ländlichen Regionen kümmerte sich die Hausfrau stets um das Federvieh, das Eier lieferte, um Kaninchen, die den Haushalt mit Fleisch versorgten, und um das Schwein, das die Wintervorräte garantierte. In Gegenden, in denen Kleinbauern den größten Teil ihres täglichen Bedarfs selbst anbauen, halten die Bäuerinnen noch immer Hühner der Eier wegen. Das Fleisch wird nur gegessen, wenn die Tiere nicht mehr legen. Alte Hennen bilden die Grundlage einer kräftigen Brühe. Hähne, Enten und junge Gänse, mit Mais und Essensresten gemästet, dienen als Festmahl für hohe Feiertage. In der heutigen Zeit sind Tiere aus Legebatterien in Spanien so üblich wie überall in Europa, doch spanisches Zuchtgeflügel ist von Natur aus eher klein. Freilandgeflügel, das sein Futter selbst sucht, ist stets muskulöser und kräftiger als solches, das im Stall gehalten wird. In der traditionellen spanischen Küche geht man bei Geflügel ungern Risiken ein und verwendet die Vögel lieber in Einzelteilen als im Ganzen.

pollo en ajopollo

HÄHNCHEN MIT MANDELN UND SAFRAN

Noch aus der Zeit der Mauren stammt dieses Rezept für zartes Hähnchen in einer Safransauce, die mit Zimt gewürzt und mit gemahlenen Mandeln angedickt wird.

Für 4 Personen

1 Hähnchen, in 12 Teile zerlegt
Salz und frisch gemahlener schwarzer Pfeffer
4 EL frisches Schweineschmalz oder Olivenöl
2 Knoblauchzehen, gehackt
1 dicke Scheibe Brot vom Vortag
1 EL frisch gehackte Petersilie
2 EL gemahlene Mandeln
1 TL gemahlener Zimt
½ TL gemahlene Gewürznelken
12 Safranfäden, in 1 EL kochendem Wasser aufgelöst
abgeriebene Schale und Saft von 1 unbehandelten Zitrone
etwa 150 ml Sherry oder Weißwein
1 große Zwiebel, fein geschnitten

ZUM GARNIEREN (NACH BELIEBEN)
1 EL geröstete Mandelblättchen

1 Hähnchenteile von etwaigen noch vorhandenen Federn und Hautresten befreien. Das Fleisch salzen und pfeffern.

2 Die Hälfte des Schmalzes oder Öls in einer Pfanne erhitzen. Knoblauch und Brot darin goldbraun rösten, Petersilie zufügen und kurz mitbraten.

3 Den Inhalt der Pfanne in die Küchenmaschine oder einen Mörser geben und kurz zerkleinern. Mandeln, Zimt, Nelken, Safran mit Einweichwasser, Zitronenschale und -saft sowie Sherry oder Wein zufügen und alles zu einer weichen Masse verarbeiten.

4 In der Zwischenzeit die Pfanne erneut mit dem restlichen Schmalz oder Öl erhitzen. Zwiebel und Hähnchenteile darin braten, bis die Haut leicht braun und die Zwiebel weich und goldbraun ist. Die Masse aus der Küchenmaschine zufügen und alles aufkochen lassen. Zudecken, Hitze reduzieren und Pfanneninhalt köcheln lassen, bis die Hähnchenteile gar und die Sauce bis auf wenige Esslöffel voll eingekocht ist. Nur falls nötig, etwas kochendes Wasser zufügen. Abschmecken und nach Geschmack nachwürzen.

5 Den Pfanneninhalt auf einer warmen Platte anrichten und nach Belieben mit gerösteten Mandelblättchen bestreuen.

pollo al ajillo

HÄHNCHEN MIT KNOBLAUCH

Nach diesem Rezept bereitet man in Andalusien zarte
junge Hähnchen oder Stallkaninchen zu. Wie bei allen
schlichten Gerichten kommt es auf die Zutaten an: Der
Knoblauch sollte fest und kompakt sein und keinesfalls keimen,
das Hähnchen sollte aus Freilandhaltung stammen und nach
Möglichkeit klein sein und einen ausreichend hohen Knochen-
anteil haben, weil man es dann leichter mit den Fingern essen
kann. Mildes, goldfarbenes Olivenöl ist besser als dunkelgrünes,
da dieses zwar gut zu Salat passt, bei hohen Temperaturen
jedoch bitter schmecken kann.

Für 4 Personen

2–3 EL Mehl
Salz und frisch gemahlener Pfeffer
1 Prise edelsüßes Paprikapulver
1 kleines Hähnchen aus Freilandhaltung,
in mundgerechte Stücke zerlegt
etwa 8 EL Olivenöl
8–12 Knoblauchzehen, ungeschält
etwa 150 ml trockener Sherry oder Weißwein

1 Das Mehl auf einem Teller mit etwas Salz, Pfeffer und Paprikapulver mischen. Das Hähnchen in der Mehlmischung wälzen.

2 Das Öl in einer schweren Pfanne stark erhitzen. Sobald es
sehr heiß ist, die Hähnchenteile hineinlegen, die Hitze
reduzieren und alles etwa 10 Minuten auf allen Seiten anbraten.
Die Knoblauchzehen zufügen und weitere 5 Minuten braten, bis
die papierartige Haut sich leicht braun färbt.

3 Sherry oder Wein angießen und aufkochen lassen, bis der
Dampf nicht mehr nach Alkohol riecht. Die Hitze reduzieren
und alles etwa 15 Minuten köcheln lassen, bis das Hähnchen
gar und der Wein vollständig verdampft ist. Die Flüssigkeit sollte
bis auf ein wenig dickliche ölige Sauce eingekocht sein. Eines
der Hähnchenteile mit einem scharfen Messer einritzen – ist die
austretende Flüssigkeit nicht rosafarben, sondern klar, ist das
Fleisch gar.

4 Das Hähnchen etwas abkühlen lassen, mit in Scheiben ge-
schnittenem Bauernbrot servieren und mit den Fingern essen.

pollo con cigalas y calamares

HÄHNCHEN MIT SCAMPI UND KALMAREN

Eine elegante katalanische Fleisch-Fisch-Variante, bei der man zartes junges Hähnchenfleisch mit Meeresfrüchten kombiniert. Die Scampi kann man durch Garnelen ersetzen, besonders luxuriös wird das Ganze mit Hummer – dann aber unbedingt den Corail (Rogen) mitservieren!

Für 4–6 Personen

2 EL Mehl
Salz und frisch gemahlener schwarzer Pfeffer
1 Hähnchen aus Freilandhaltung (etwa 1,5 kg), in Teile zerlegt
300 ml Olivenöl
250 g Scampi
500 g Kalmare oder Tintenfisch, geputzt und geschnitten
1 mittelgroße Zwiebel, fein geschnitten
4 reife Tomaten, gehäutet, Samen entfernt, gehackt
1 Thymianzweig
1 Lorbeerblatt
1 Scheibe Brot vom Vortag, zerkrümelt
2–3 Knoblauchzehen, gehackt
1 EL blanchierte Mandeln, grob zerdrückt
2 EL Weinbrand

1 Das Mehl auf einem Teller mit Salz und Pfeffer mischen, die Hähnchenteile damit bestäuben; dazu am besten alles in einen Frischhaltebeutel geben und kurz schütteln.

2 1 EL Öl in einer schweren Sautierpfanne erhitzen und die Scampi mit den Kalmaren oder dem Tintenfisch darin anbraten, bis sich ihr Fleisch dunkel färbt. Vom Herd nehmen und beiseite stellen. Weitere 2 EL Öl in der Pfanne erhitzen und die Hähnchenteile darin etwa 10 Minuten auf kleiner Flamme braten, bis sie von allen Seiten braun sind oder das Fleisch fest ist. Vom Herd nehmen und beiseite stellen.

3 Weitere 2 EL Öl in der Pfanne erhitzen und die Zwiebel darin auf kleiner Flamme 15 bis 20 Minuten braten, bis sie goldbraun und weich ist. Dies ist die Basis des typischen katalanischen *sofrito*.

4 Tomaten, Thymian und Lorbeer dazugeben und aufkochen, bis die Tomaten zu einer dicklichen Masse zerfallen. Die Hähnchenteile zurück in die Pfanne legen, alles mit Wasser bedecken und erneut aufkochen. Die Hitze reduzieren, den Deckel lose auflegen und alles 15 Minuten köcheln lassen, bis das Hähnchen durchgegart ist.

5 In der Zwischenzeit in einer anderen Pfanne die Brotkrümel im restlichen Öl mit Knoblauch und Mandeln leicht bräunen. 1 EL der Kochflüssigkeit zufügen, um den Kochvorgang zu stoppen, dann den Inhalt der Pfanne im Mörser oder in der

Küchenmaschine zerkleinern. Katalanische Köche verwenden diese *picada* als Basis, um Saucen anzudicken und ihnen Farbe zu verleihen (anstelle der Brotkrümel kann man Zwieback nehmen).

6 Scampi und Kalmare oder Tintenfisch mit dem Hähnchen und der Sauce in die Pfanne geben, mit Weinbrand beträufeln und aufkochen, bis der Dampf nicht mehr nach Alkohol riecht.

7 Die *picada* zufügen und erneut aufkochen – nach Bedarf etwas Wasser zugießen. Mit Salz und Pfeffer abschmecken.

8 Lorbeerblatt und Thymianzweig entfernen, dann Hähnchen, Fisch und Sauce auf einer hübschen Platte anrichten.

SERVIERTIPP Brot mit Knoblauch und Öl einreiben und rösten, dann dazureichen. Ein grüner Salat – Romana mit Salz und Zitronensaft angemacht – nimmt dem üppigen Gericht die Schwere.

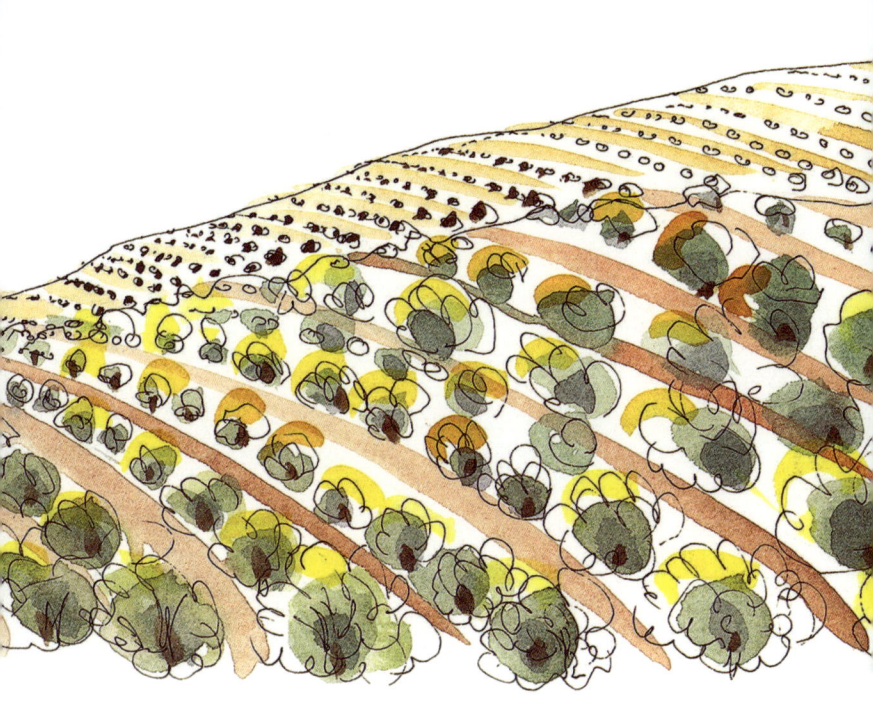

pavo chilindrón

Truthahn mit roter Paprika

Dieses Gericht ist ein Klassiker aus Saragossa in Aragonien, wo besonders saftige rote Paprikaschoten gedeihen. Anstelle von Truthahn können Sie auch Hähnchen oder Kaninchen verwenden. Falls Sie sich aber für Truthahn entscheiden, sollten Sie das kräftig schmeckende Beinfleisch dem weichen Brustfleisch vorziehen. Ein tolles Partygericht!

Für 6 Personen

1 kg Truthahnfleisch, in Würfel geschnitten
2 Knoblauchzehen, gepresst
Salz und frisch gemahlener schwarzer Pfeffer
4 EL Olivenöl
1 Gemüsezwiebel, in Halbmonde geschnitten
6 rote Paprikaschoten, Samen und Scheidewände entfernt,
in Streifen geschnitten
1 EL Schinkenwürfel
500 g Tomaten, gehäutet und gehackt
1 kleine Zimtstange
etwa 200 ml Rotwein
Zucker (nach Belieben)

1 Truthahnfleisch mit Knoblauch einreiben und mit Salz und Pfeffer würzen.

2 Das Öl in einer großen Pfanne erhitzen, Zwiebel und Paprikaschoten hineingeben. Braten, bis das Gemüse weich und leicht braun wird, dann die Hitze reduzieren und das Gemüse 20 Minuten auf kleiner Flamme dünsten, bis das Wasser verdampft ist und das Gemüse weich und dick ist.

3 Truthahnfleisch und Schinkenwürfel zufügen. 5 bis 10 Minuten braten, bis das Fleisch fest wird und Farbe annimmt. Tomaten, Zimt und Wein zugeben und aufkochen, bis der Dampf nicht mehr nach Alkohol riecht.

4 Die Hitze reduzieren, den Deckel fest auflegen und alles 30 bis 40 Minuten schmoren – bei Bedarf etwas Wasser hinzufügen –, bis der Truthahn gar und die Flüssigkeit deutlich eingekocht ist. Bei zu viel Flüssigkeit den Deckel abnehmen und 1 bis 2 Minuten bei starker Hitze aufkochen, bis die Sauce dick und glänzend wird. Abschmecken und nachwürzen – wenn die Tomaten nicht reif genug waren, etwas Zucker zufügen. Noch einige Minuten aufkochen, damit sich die Aromen mischen.

5 Mit weißem Reis oder reichlich Brot servieren. Schmeckt am zweiten Tag noch besser als am ersten.

oca con nabos y peras

GANS MIT STECKRÜBEN UND BIRNEN

Nach katalanischen Kochbüchern zu schließen, ist dieses Gericht heiß geliebt. Es lässt sich beliebig variieren und ist für Ente genauso geeignet wie für Gans. Die Katalanen verwenden lieber junge als ausgewachsene Gänse. Diese sind ab Ende September und dann im Oktober und November auf dem Markt, werden aber mit jedem Tag größer. An Weihnachten sind sie schon so groß, dass man sie nicht mehr gut zerlegen kann, und gelten eigentlich als zu alt. Die Gans ist und bleibt ein Wintervogel, selbst wenn sie im eigenen Hof aufgezogen wird, wo man sie ursprünglich als Ersatz für den Wachhund hielt.

Für 4–6 Personen

1 junge Gans (etwa 2,5 kg), in 12 Teile zerlegt
Salz und frisch gemahlener schwarzer Pfeffer
2 große Zwiebeln, fein geschnitten
500 g Tomaten, gehäutet, Samen entfernt, in Würfel geschnitten
1 EL Rosinen, zum Quellen in Wasser eingeweicht
1 Thymianzweig, 1 Majoranzweig und 1 Lorbeerblatt,
zum Bouquet gebunden
1 kleine Zimtstange
3–4 Gewürznelkenknospen (nur der runde Abschluss
des Kopfes), mit den Fingern zerdrückt
150 ml Weißwein
6 kleine Steckrüben, geputzt
12 kleine harte Birnen, geschält, aber mit Kerngehäuse
und Stängeln

PICADA
2 EL Gänse- oder Schweineschmalz
2 Knoblauchzehen, gehackt
2 EL blanchierte Mandeln, zerdrückt
1 Scheibe Brot vom Vortag, zerkrümelt
1 EL *pimentón dulce* (oder edelsüßes Paprikapulver
bzw. Fruchtfleisch von 2 *ñoras*, getrockneten Paprikaschoten,
eingeweicht)
1 EL Weißweinessig

1 Die Gänseteile von überschüssigem Fett befreien, dieses aufheben. Gänseteile salzen, pfeffern, mit einer Gabel einstechen und beiseite stellen. Das Fett mit einem Esslöffel in einer feuerfesten irdenen Kasserolle oder einem schweren Topf bei geringer Hitze erwärmen, bis das Fett schmilzt und das Wasser vollständig verdampft ist. Durch ein Sieb gießen und abgetropftes Fett wieder in die Pfanne geben.

2 Die Gänseteile bei geringer Hitze braten, bis die Haut leicht braun und das Fleisch fest ist. Vom Herd nehmen und beiseite stellen. Zwiebeln im verbleibenden Fett mindestens 15 Minuten weich braten, ohne dass sie braun werden.

3 Tomaten, Rosinen, Kräuter und Gewürze zufügen und aufkochen, bis das Tomatenfleisch zerfällt. Gänseteile wieder in den Topf legen. Wein dazugeben und aufkochen, bis der Alkohol verdampft ist. Mit Salz und etwas Pfeffer würzen und so viel Wasser angießen, dass die Gänseteile bedeckt sind. Erneut aufkochen, dann die Hitze reduzieren, einen Deckel lose auflegen und schmoren, bis das Fleisch gar ist – 20 bis 30 Minuten sollten bei jungen Gänsen ausreichen – und die Sauce deutlich eingekocht ist.

4 Steckrüben in den Topf geben und 5 Minuten mitkochen. Die Birnen mit den Stängeln nach oben in den Bräter setzen und alles weitere 5 bis 10 Minuten schmoren, bis die Birnen weich, aber nicht zerfallen sind. Das Kräuterbouquet und die Zimtstange aus der Sauce nehmen.

5 In der Zwischenzeit in einer kleinen Pfanne die *picada* zubereiten, eine Masse zum Andicken und Aromatisieren der Sauce. Gänse- oder Schweineschmalz erhitzen, Knoblauch, Mandeln und Brotkrümel darin leicht bräunen. Mit *pimentón* oder eingeweichten Paprikaschoten bestreuen, dann sofort den Essig zufügen. Kurz aufkochen, um den Säuregehalt zu reduzieren, dann den Inhalt der Pfanne in einem Mörser oder in der Küchenmaschine sorgfältig zerkleinern.

6 Die *picada* in die Sauce geben und kurz unter Rühren aufkochen, bis alles gut vermischt ist. Die Sauce über die Gänseteile und rund um die Birnen gießen – das blasse Fleisch der Birnen sollte noch sichtbar sein. Mit einem leicht an-gemachten Endiviensalat servieren – der bittere Geschmack der Blätter neutralisiert das üppige Essen.

VARIANTE Sie können die Birnen durch Äpfel oder Pflaumen ersetzen und die Steckrüben je nach Geschmack weglassen.

pato con higos

JUNGE ENTE MIT FEIGEN

I n diesem Rezept aus den caseríos, *den verstreuten Bauernhöfen im Baskenland, wird eine junge Ente mit dem lokalen trockenen Weißwein* (tlaxcoli) *sanft geschmort und mit frischen Feigen abgeschmeckt. Sind diese nicht erhältlich, können Sie getrocknete Feigen verwenden, die Sie 1 bis 2 Stunden in heißem Wasser vorquellen lassen.*

Für 4 Personen

1 junge Ente (etwa 2 kg)
Salz und frisch gemahlener schwarzer Pfeffer
1–2 Lorbeerblätter
1 kleiner Thymianzweig
1 EL Gänse- oder Schweineschmalz
500 g Perlzwiebeln oder kleine Schalotten
2 große Karotten, in Würfel geschnitten
250 ml trockener Weißwein
500 g frische Feigen

1 Die Ente zunächst auf Zimmertemperatur bringen. Innen und außen salzen und pfeffern, dann Lorbeerblätter und Thymianzweig in die ausgenommene Ente stecken.

2 Den Backofen auf 160 °C vorheizen. Gänse- oder Schweine- schmalz in einer schweren, feuerfesten Kasserolle schmelzen, die genug Platz für die Ente und das Gemüse bietet. Zwiebeln oder Schalotten bei geringer Hitze leicht bräunen.

3 Die Karotten mitbraten. Die Ente mit der Brustseite nach unten auf das Gemüse legen. Den Wein angießen und dieselbe Menge Wasser zufügen (die Flüssigkeit sollte den Vogel fast vollständig bedecken). Alles kurz aufkochen lassen.

4 Die Kasserolle mit einem Deckel verschließen und in den Ofen schieben. Etwa 1½ Stunden schmoren, bis die Ente gar ist; dies ist der Fall, wenn der Schlegel sich mühelos im Gelenk bewegen lässt und beim Einstechen mit einem Spieß klare Flüssigkeit austritt. Die Ente in Viertel teilen und mit dem Gemüse auf eine vorgewärmte Platte legen.

5 Die Feigen in die Kasserolle legen und mit der Garflüssigkeit aufkochen. Die Hitze reduzieren, den Deckel fest auflegen und alles 5 Minuten schmoren, bis die Feigen gut durchgewärmt sind. Die Feigen rund um die Ente anrichten. Die Garflüssigkeit im Topf reduzieren, mit Salz und Pfeffer würzen und über die Ente gießen.

pato con guisantes

JUNGE ENTE MIT ERBSEN

Ein Rezept von der nordspanischen Atlantikküste, wo viel Milchwirtschaft betrieben wird. Schweine mästet man hier mit Molke aus der Butter- und Käseproduktion, und das sommers wie winters regnerische Klima lässt Enten und Erbsen gleichermaßen gedeihen. Der Schinken aus dieser Region ist weicher und milder als der bekanntere luftgetrocknete Schinken.

Für 4 Personen

1 kleine Ente (etwa 1,5 kg), in mehrere Stücke geteilt
1 EL Butter oder Schmalz
100 g kleine Schalotten oder Perlzwiebeln
2 EL Serranoschinkenwürfel
300 ml trockener Apfelwein
Salz und frisch gemahlener schwarzer Pfeffer
450 g Erbsen

1 Entenstücke rundherum mit einer Gabel einstechen, damit das Fett austreten kann. In einer schweren, feuerfesten Kasserolle, die Platz genug für die Ente bietet, Butter oder Schmalz zum Schmelzen bringen. Den Vogel etwa 10 bis 15 Minuten von allen Seiten im heißen Fett anbraten.

2 Ententeile beiseite stellen (wenn die Kasserolle groß genug ist, reicht es, sie an eine Seite zu schieben). Schalotten oder Zwiebeln ins Fett geben und braten, bis sie zu bräunen beginnen.

3 Die Ententeile zurück in die Kasserolle geben, Schinken und Apfelwein zufügen und alles 1 bis 2 Minuten aufkochen lassen. Salzen und pfeffern. Hitze reduzieren, Deckel auflegen und etwa 20 Minuten köcheln lassen. Erbsen zufügen, weitere 10 Minuten köcheln lassen, bis die Erbsen nicht mehr hellgrün glänzen und die Ententeile gar sind. Zum Testen die Schlegel mit einem Spieß einstechen: Tritt klare Flüssigkeit aus, ist das Gericht fertig.

Fleisch

chuletas de ternera a la parilla con salsa de avellanas

T-BONE-STEAK MIT HASELNUSSSAUCE

Im Baskenland sind terneras, *dicke T-Bone-Steaks von Jungrindern, der ultimative Luxus. Am besten schmecken sie, wenn man sie in einer typischen* asadora *isst. Hier wird ausschließlich Fleisch gegrillt, dazu gibt es bestenfalls ein wenig Sauce und etwas Brot. Früher stammte das Fleisch von sanften Schwarzrindern, die den Pflug über die steilen Berghänge zogen. Heute greift man überwiegend auf* rubio gallego, *galicisches Rotrind, oder die gefleckten Herden Andalusiens zurück. T-Bone-Steaks von Jungrindern (sie sind älter als Kälber) kommen dem Geschmack am nächsten.*

Für 4 Personen

**4 T-Bone-Steaks
1–2 EL Olivenöl
1 Knoblauchzehe, fein geschnitten
Salz und frisch gemahlener schwarzer Pfeffer**

SAUCE
**100 g geröstete Haselnüsse (nach Belieben mit oder ohne Haut)
1 Schalotte oder 1 kleine Zwiebel, grob gehackt
2 EL Apfelweinessig
4 EL frische, fein gehackte Petersilie
4 EL Olivenöl**

1 Die Rindersteaks abtupfen und mit Öl bestreichen. Mit Knoblauch bestreuen, salzen und pfeffern. 1 bis 2 Stunden bei Zimmertemperatur ruhen lassen, damit sie das Aroma der Gewürze aufnehmen.

2 In der Zwischenzeit den Grill anheizen und die Sauce vorbereiten. Für die Sauce alle Zutaten außer dem Olivenöl mit 1 EL Wasser in den Mixer geben und zu einem weichen

Püree verarbeiten. Das Öl nach und nach wie für eine Mayonnaise zugießen, so dass die Sauce eindickt. An heißen Tagen eine trockene Brotkruste zufügen, damit die Sauce nicht gerinnt.

3 Das Fleisch auf großer Flamme grillen – dabei einmal wenden –, bis es wunschgemäß durchgebraten ist. Mit dem Finger testen: Fühlt sich das Fleisch auf Druck weich an, ist es noch blutig. Wirkt die Oberfläche leicht elastisch, ist es medium, und fühlt es sich fest an, ist es durch. Probeweise vorher mit dem Zeigefinger, dann nacheinander mit allen übrigen Fingern der Hand auf die Daumenspitze drücken und die Festigkeit der Daumenkuppe spüren. Der Zeigefinger produziert den schwächsten Druck (entsprechend fühlt sich blutiges Fleisch an), der kleine Finger den stärksten (so fühlt sich gut durchgebratenes Fleisch an).

4 Jedes Steak mit einer dicken Brotscheibe servieren und die Sauce separat dazureichen. Dazu passt Apfelwein (Cidre), denn Äpfel gibt es in dieser Gegend reichlich.

Hunger ist die beste Sauce.

Spanisches Sprichwort

filete a la milanesa

PANIERTES SCHNITZEL

Was wären die sparsamen spanischen Köche ohne die Leichtigkeit, mit der sie aus wenigem viel machen? Bevor in Spanien der Wohlstand Einzug hielt, gab es frisches Fleisch nur am Sonntag, und auch das meist nur in der Stadt. Die Metzger machten das Beste daraus, indem sie immer gleich die Knochen auslösten und das Fleisch an den Muskelfasern entlangschnitten. Die großen Fleischstücke, die dabei entstehen, teilen sie in dünne Scheiben und verkaufen sie als filete, Schnitzel. Der Begriff wird für Schwein, Kalb und Rind gleichermaßen verwendet; Letzteres isst man jung und nicht abgehangen, solange es noch zart ist.

Für 4 Personen

500 g Schnitzel vom Kalb, Rind oder Schwein
2 EL Mehl
Gewürzsalz und frisch gemahlener Pfeffer
2 Eier
2 EL Milch
4 gehäufte TL Semmelbrösel (möglichst selbst gemachte)
Olivenöl zum Braten

ZUM GARNIEREN
1 Zitrone, in Viertel geschnitten

1 Jedes Schnitzel zwischen zwei Lagen Frischhaltefolie legen und mit einem Nudelholz flach rollen; das Fleisch sollte sehr dünn sein.

2 Das Mehl auf einem Teller mit etwas Gewürzsalz und Pfeffer mischen. In einem tiefen Teller Eier und Milch verquirlen. Auf einem dritten Teller die Semmelbrösel verteilen. Die Schnitzel zunächst im Mehl wälzen (überschüssiges Mehl abschütteln), dann durch die Eier-Milch-Mischung ziehen und schließlich in den Semmelbröseln wälzen, so dass beide Seiten gut paniert sind.

3 Das Öl einen Fingerbreit in eine Pfanne geben; das Fleisch sollte gerade bedeckt sein. Das Öl muss heiß sein, sollte jedoch nicht rauchen – testen Sie die Temperatur mit einem Brotwürfel: An den Rändern müssen Bläschen entstehen, und er sollte innerhalb kurzer Zeit goldbraun werden. Jeweils nur ein oder zwei Schnitzel in die Pfanne legen, damit die Temperatur nicht sinkt. Einmal wenden und auf Küchenpapier abtropfen lassen. Mit den Zitronenvierteln garniert servieren.

SERVIERTIPP Dazu selbst gemachten Kartoffelbrei reichen, der mit Öl (nicht mit Butter) aufgeschlagen und mit Piment gewürzt ist.

picadillo a la valenciana

HACKFLEISCH MIT SAFRAN UND ROSINEN

Arabische Gewürze und ein Hauch Süße verleihen diesem Hack Aroma – schon als Teenager fand ich das Gericht unwiderstehlich. Unsere Köchin stammte aus Valencia und verwendete Safran, Zimt und Rosinen, wann immer sie konnte.

Für 4 Personen

750 g Hackfleisch (am besten von Hand mit dem Messer zubereitet)
1 EL feine Serranoschinkenwürfel
2 EL Olivenöl
1 große Zwiebel, in Würfel geschnitten
1 große Karotte, in Würfel geschnitten
1 Knoblauchzehe, geschält
6–8 Safranfäden
Salz und frisch gemahlener schwarzer Pfeffer
2 große, vollreife Tomaten, gehäutet, Samen entfernt,
in Würfel geschnitten, oder 2 EL pürierte Tomaten
1 EL Rosinen
500 g Kartoffeln, geschält und in mundgerechte Würfel geschnitten
½ TL gemahlener Zimt
1 Lorbeerblatt

ZUM GARNIEREN
1 EL geröstete Pinienkerne
2 hart gekochte Eier, in Viertel geschnitten

240

1 Das Fleisch mit dem Schinken mischen. In einer feuerfesten Kasserolle oder einem schweren Topf das Öl erhitzen. Wenn es heiß genug ist, Fleisch, Zwiebel- und Karottenwürfel hineingeben und alles auf kleiner Flamme braten, bis die Flüssigkeit verdampft, das Fleisch und das Gemüse zu braten beginnen und leicht braun werden.

2 In der Zwischenzeit Knoblauch und Safran mit etwas Salz zerdrücken, in wenig Wasser auflösen und das Gemisch unter das Fleisch rühren, sobald dieses zu braten beginnt.

3 Die frischen Tomaten zufügen und aufkochen, bis sie zerfallen, oder pürierte Tomaten einrühren. Rosinen, Kartoffeln, Zimt und Lorbeerblatt zufügen und mit dem Fleisch vermischen. So viel Wasser zugießen, dass alles bedeckt ist.

4 Erneut aufkochen und anschließend die Hitze reduzieren. Den Deckel lose auflegen und 25 bis 30 Minuten auf kleiner Flamme köcheln lassen, bis das Fleisch weich und die Kartoffeln gar sind. Abschmecken und nachwürzen, falls nötig. Die Temperatur erhöhen und überschüssige Flüssigkeit verdampfen lassen – das Gericht sollte saftig sein, aber nicht schwimmen.

5 Zum Schluss mit einer Hand voll gerösteter Pinienkerne und den Eivierteln garnieren.

guiso de ternera mechada

GESCHMORTES KALBFLEISCH MIT SERRANOSCHINKEN

Unter Kalbfleisch versteht man in Spanien in der Regel eher junges Rind als Milchkalb. Es ist von Natur aus trocken und mild im Geschmack. Etwas Fett tut ihm deshalb gut – am besten fetthaltiges Schweinefleisch oder anderes Fleisch, denn es macht den Kalbsbraten saftiger und aromatischer.

Für 6–8 Personen

2 kg ausgelöstes Kalbfleisch oder Fleisch vom Jungrind,
zum Schmorbraten aufgerollt
50 g dick geschnittener Serranoschinken mit viel Fett
500 g Karotten
4 EL Olivenöl
500 g Schalotten oder Perlzwiebeln
4 Knoblauchzehen, mit etwas Salz zerdrückt
125 g Pilze (am besten Wildpilze), geschnitten
einige Zweige Thymian und Oregano
1 Lorbeerblatt
½ TL zerdrückte schwarze Pfefferkörner
¼ TL gemahlener Piment
1 Flasche Rotwein
Salz
etwas Zucker

1 Mit einem scharfen Messer eine tiefe Tasche in den Braten schneiden; dabei am stumpfen Ende beginnen und schneiden, bis die Messerspitze an der Spitze austritt. Den Schinken in streichholzgroße Stücke und eine Karotte in schmale Stifte schneiden. Schinken und Karotte in die Tasche schieben, am besten vorsichtig mit einem Spieß oder einer Rouladennadel arbeiten.

2 Den Backofen auf 150 °C vorheizen. Das Öl in einer großen, feuerfesten Kasserolle erhitzen und das Fleisch darin von allen Seiten anbraten. Schalotten oder Zwiebeln, Knoblauch und die restlichen in Stücke geschnittenen Karotten zufügen; die Karotten sollten etwa dieselbe Größe haben wie die Zwiebeln. Die Pilze zugeben.

3 Die Kräuter (nach Belieben zum Bouquet gebunden) und die Gewürze zufügen. Wein angießen. Salzen und die Säure des Weins mit etwas Zucker ausgleichen.

4 Zum Kochen bringen. Vom Herd nehmen und fest mit Alufolie und einem Deckel verschließen. In den Ofen schieben und 2 bis 3 Stunden schmoren lassen, nach Belieben auch über Nacht (in diesem Fall die Temperatur auf 140 °C einstellen).

5 Wenn das Fleisch gar ist, die Kasserolle aus dem Backofen nehmen. Den Braten vor dem Aufschneiden eine Weile ruhen lassen. Lauwarm mit der Bratenflüssigkeit als Sauce anrichten und servieren.

cordero estofado en salsa de almendras

GESCHMORTES LAMMFLEISCH MIT MANDELN

*E*in Rezept aus der Gegend Spaniens nördlich von Andalusien, wo Schafzucht betrieben wird. Lammfleisch wird hier mit Knoblauch und einer dicken Paste aus gerösteten Mandeln und pimentón zubereitet. Im Süden, wo Milchwirtschaft mit Ziegen die Regel ist, verwendet man Zicklein, die außerhalb des Mittelmeerraums kaum zu bekommen sind.

Für 4 Personen

1,5 kg dicke Lammsteaks (Schulter oder Keule), direkt durch den Knochen geschnitten
Salz und frisch gemahlener schwarzer Pfeffer
200 g ganze, ungeschälte Mandeln
4 EL Olivenöl
1 ganze Knoblauchknolle, in die Zehen geteilt (etwa 12 Zehen), aber ungeschält
1–2 Lorbeerblätter
1 Thymianzweig
200 ml Weißwein oder trockener Sherry
1 EL *pimentón dulce*, am besten geräucherter *pimentón de la Vera* (oder edelsüßes Paprikapulver)
1 EL geröstete Mandelblättchen (nach Belieben)

1 Das Lammfleisch abtupfen, salzen und pfeffern.

2 Die Mandeln mit 1 TL Öl auf kleiner Flamme in einer schweren Kasserolle aus Ton oder Email rösten. Sobald sich die Schale lockert und die Mandeln braun werden, vom Herd nehmen und beiseite stellen.

3 Die Kasserolle mit dem restlichen Öl erhitzen und das Fleisch darin von allen Seiten braun braten. Knoblauchzehen zufügen und noch einige Minuten braten. Kräuter sowie Wein oder Sherry mit derselben Menge Wasser zufügen und aufkochen lassen.

4 Die Hitze reduzieren, den Deckel lose auflegen und 1 Stunde auf kleiner Flamme köcheln lassen, bis das Fleisch so zart ist, dass man es mit dem Löffel zerteilen kann. In den Ofen schieben und noch einmal genauso lange bei 160 °C schmoren. Von Zeit zu Zeit nachschauen; falls nötig, etwas Wasser nachgießen. Am Ende der Garzeit sollte die Flüssigkeit deutlich reduziert sein, doch das Fleisch sollte niemals austrocknen.

5 1 EL Flüssigkeit abnehmen und mit Mandeln und *pimentón* im Mixer oder einem Mörser zu einer Paste verarbeiten. Die Paste in die Garflüssigkeit rühren und aufkochen lassen, damit sie andickt.

6 Das Fleisch und die Sauce auf eine vorgewärmte Platte geben, nach Belieben mit den gerösteten Mandelblättchen bestreuen.

caldereta de piernas de cordero

GESCHMORTE LAMMHACHSEN

Die Hachse, das Stück am Ende der Schulter, wird wunderbar zart, wenn man sie auf kleiner Flamme schmort. Die Kochzeit ist zwar lang, doch die Vorbereitung nimmt wenig Zeit in Anspruch, und heraus kommt Slowfood in seiner saftigsten Variante. Bei entsprechend niedriger Temperatur kann man die Hachsen sogar über Nacht im Ofen lassen.

Für 4 Personen

4 Lammhachsen
Salz
2 EL Olivenöl
1 EL Serranoschinkenwürfel oder magerer Speck
250 g kleine Schalotten oder Perlzwiebeln
1 große Karotte, in Stücke geschnitten
500 g reife Tomaten, gehäutet, Samen entfernt,
in Würfel geschnitten
2–3 Knoblauchzehen, mit etwas Salz zerdrückt
1–2 Rosmarinzweige
1–2 Thymianzweige
½ TL Pfefferkörner, zerstoßen
etwa 200 ml trockener Sherry oder Weißwein

1 Die Lammhachsen abtupfen und salzen. Den Backofen auf 150 °C vorheizen.

2 Das Öl in einer großen, feuerfesten Kasserolle aus Ton oder Email erhitzen. Das Kochgeschirr sollte gerade so groß sein, dass das Lammfleisch in einer einzigen Schicht hineinpasst. Das Fleisch von allen Seiten leicht anbraten, dann mit den Knochen nach oben in die Kasserolle legen.

3 Die übrigen Zutaten rund um das Fleisch verteilen. Zum Kochen bringen, mit dem Deckel und einer Schicht Alufolie (glänzende Seite nach unten) fest verschließen und in den Backofen schieben.

4 Mindestens 3 Stunden bei geringer Hitze schmoren, nach Belieben auch länger. Den Deckel nur abnehmen, wenn das Fleisch beginnt, angebrannt zu riechen; in diesem Fall etwas Wasser zugießen. Das Fleisch sollte so zart sein, dass man es mit dem Löffel zerteilen kann, und die Sauce sollte bis auf einen köstlich schmeckenden dicklichen Rest eingekocht sein.

empanada gallega

WÜRZIGE SCHWEINE-ZWIEBEL-PASTETE

Die saftige, mit pimentón *gewürzte Fleischpastete zwischen zwei Teiglagen eignet sich hervorragend für ein Picknick. Andere Regionen warten mit eigenen Varianten auf, diese Füllung ist typisch galicisch. Die Teigart können Sie frei wählen, traditionell verwendet man jedoch Hefeteig.*

Für 4–6 Personen

TEIG

**300 g Weizenmehl Type 550 und
etwas Mehl zum Bestäuben
¹/₂ TL Salz
1 TL Trockenhefe
4 EL Öl und etwas Öl zum Einpinseln
1 EL verquirltes Ei zum Bestreichen**

FÜLLUNG

**300 g mageres Schweinefleisch, in Würfel geschnitten
1 EL *pimentón dulce* (oder edelsüßes Paprikapulver)
¹/₂ EL getrockneter Oregano
1 Knoblauchzehe, gepresst
2 EL Olivenöl
1 mittelgroße Zwiebel, in Würfel geschnitten
2 rote Paprikaschoten, Samen und Scheidewände entfernt,
in Würfel geschnitten
etwa 75 ml Weißwein
¹/₂ TL Safranfäden, in etwas Wasser eingeweicht
500 g Tomaten, gehäutet, Samen entfernt, in Würfel geschnitten
1 EL Serranoschinken- oder Schinkenspeckwürfel
1 TL getrockneter Thymian
2–3 Sardellenfilets, gehackt
¹/₂ TL Chiliflocken
Salz (falls nötig)**

1 Zuerst den Teig zubereiten. Dazu das Mehl mit Salz in eine warme Schüssel sieben und mit der Trockenhefe mischen. Eine Mulde in die Mitte drücken und 150 ml warmes Wasser hineingießen. Mit Mehl bestreuen und 10 Minuten an einem warmen Ort gehen lassen. Das Öl zugießen (es sollte handwarm sein) und die feuchten und trockenen Zutaten mit den Händen zu einem weichen, elastischen Teig verkneten. Zu einer Kugel formen, diese in die Schüssel legen, mit Frischhaltefolie bedecken und 1 bis 2 Stunden an einem warmen Ort gehen lassen, bis der Teig sein Volumen verdoppelt hat.

2 In der Zwischenzeit die Füllung vorbereiten. Dazu das Fleisch mit *pimentón* oder Paprikapulver, Oregano und Knoblauch würzen. 1 EL Öl in einer Pfanne erhitzen und das Fleisch darin auf kleiner Flamme braten, bis es fest und leicht braun wird. Vom Herd nehmen und beiseite stellen.

3 Die Pfanne mit dem restlichen Öl erhitzen, darin Zwiebel und Paprika etwa 10 Minuten braten, bis sie weich werden. Wein, Safran, Tomaten, Schinkenwürfel, Thymian und Sardellen hinzufügen und alles kurz aufkochen.

4 Das Fleisch in die Pfanne zurückgeben und kurz mitbraten. Einen Deckel lose auflegen und den Pfanneninhalt etwa 20 Minuten köcheln lassen, bis die Flüssigkeit verdampft und das Fleisch zart geworden ist. Abschmecken und nach Belieben mit Chiliflocken und, falls nötig, Salz würzen (eigentlich sorgen die Sardellen für den salzigen Geschmack). Pfanneninhalt abkühlen lassen und in der Zwischenzeit den Teig weiterverarbeiten.

5 Den Backofen auf 180 °C vorheizen. Den Teig mit der Faust flach klopfen, damit die Luftblasen im Inneren platzen. Kneten, bis er elastisch ist – beim Knetvorgang arbeitet der Teig weiter. Den Teig in zwei Teile schneiden; einer sollte etwas größer sein als der andere.

6 Eine Backform (etwa 34 x 22 cm) mit Öl ausstreichen und mit etwas Mehl bestäuben (bei Formen mit Antihaftbeschichtung unnötig). Jedes der Teigstücke zu einem weichen Ball formen.

7 Die Teigstücke auf einer bemehlten Oberfläche zu einem Rechteck von der Größe der Backform ausrollen, ein Stück sollte etwas größer, das andere etwas kleiner sein. Das größere Stück in die Backform legen, dabei die Ränder an den Seiten nach oben ziehen.

8 Die Füllung gleichmäßig auf dem Teig verteilen. Die Teigränder mit etwas Wasser befeuchten und alles mit dem zweiten Teigstück bedecken. Die Ränder mit feuchten Fingern zu einem seilartigen Muster verkneten. Den Teigdeckel an mehreren Stellen mit einer Gabel einstechen und mit dem Ei bestreichen, um eine glänzende Oberfläche zu erhalten.

9 40 bis 50 Minuten backen, bis der Teig gut aufgegangen ist und eine braune Kruste bekommen hat. Auf Zimmertemperatur abkühlen lassen und servieren.

estofado de rabo de buey

WÜRZIGER OCHSENSCHWANZEINTOPF

In den traditionellen Zentren der Lederverarbeitung sind Ochsenschwanzgerichte noch immer weit verbreitet. Die gehandelten Häute wurden immer mit Schwanz ausgeliefert – eine Gratisfleischration für die Arbeiter. Dieses köstliche Gericht erhält sein besonderes Aroma durch die arabischen Gewürze. Es stammt aus Córdoba, einer Stadt, die schon für ihr kunstvolles Lederhandwerk berühmt war, als Andalusien noch von Bagdad aus regiert wurde. Fernöstliche Gewürze in leckeren Eintöpfen findet man in allen Regionen, die einst stark unter maurischem Einfluss standen. Mit der Reconquista fiel Granada als letztes Kalifat zwar an Ferdinand von Aragonien und Isabella von Kastilien zurück, doch die Vorliebe für Gewürze aus heißen Ländern wie Zimt, Nelken und Muskatnuss blieb erhalten.

Für 4–6 Personen

1–2 Ochsenschwänze (je nach Größe), in Stücke geschnitten
2 EL Olivenöl
1 EL Serranoschinken- oder Schinkenspeckwürfel
1 große Zwiebel, in Würfel geschnitten
2 Knoblauchzehen, mit etwas Salz gepresst
1 grüne Selleriestange, geschnitten
1 große Karotte, geputzt und in Würfel geschnitten
500 g reife Tomaten, gehäutet, Samen entfernt,
in Würfel geschnitten
1 EL *pimentón picante* (oder rosenscharfes Paprikapulver)
1 kleine Zimtstange
½ TL zerstoßener Piment
3–4 Gewürznelken
1 Lorbeerblatt
1 Flasche kräftiger Rotwein
Salz und frisch gemahlener schwarzer Pfeffer

1 Ochsenschwanz waschen und überschüssiges Fett entfernen.
Das Öl in einer feuerfesten Kasserolle erhitzen, die genug
Platz für alle Stücke bietet.

2 Den Backofen auf 150 °C vorheizen. Die Ochsenschwanzstücke
im heißen Fett wenden, bis die Enden leicht braun werden.
Fleisch aus dem Topf nehmen. Schinken- oder Schinkenspeck-

würfel, Zwiebel, Knoblauch, Sellerie und Karotte in die Kasserolle geben und bei geringer Hitze braten, bis das Gemüse weich ist. Nun Tomaten und Gewürze zufügen. Alles aufkochen, bis die Tomaten weich sind. Rotwein dazugießen und noch einmal aufkochen lassen, bis der Dampf nicht mehr nach Alkohol riecht.

3 Die Ochsenschwanzstücke zurück in den Topf legen. Mit Wasser auffüllen, bis alle Stücke nahezu bedeckt sind. Salzen und pfeffern. Zum Kochen bringen, dann die Hitze reduzieren, Kasserolle fest verschließen und für 3 bis 4 Stunden in den Ofen schieben (oder bei sehr geringer Hitze köcheln lassen), bis das Fleisch sich von den Knochen löst. Von Zeit zu Zeit nachschauen und bei Bedarf etwas Wasser nachgießen.

4 Die Fleischstücke auf eine vorgewärmte Platte legen. Die Flüssigkeit im Topf noch einmal aufkochen, um das Aroma zu verstärken. Abschmecken. Wer mag, kann eine Hand voll gekochter Kichererbsen unterrühren. Schmeckt am gleichen, noch besser aber am nächsten Tag.

Die Farbe, in die Goya seinen Pinsel tauchte, war negro de hueso, *Knochen- oder Beinschwarz, ein Pigment, das jeder spanische Maler aus Schinkenknochen gewann. Sie wurden in der* olla *zu einem üppigen Umbra zerkocht, einem Symbol des Wohlstands in guten und der Entbehrung in schlechten Zeiten …*

Richard Ford, *Gatherings from Spain*

hígado encebollado

LEBER MIT ZWIEBELN

Reichlich Zwiebeln verleihen der Sauce für das zarte Fleisch, das niemals durchgebraten wird, Geschmack. Eine klassische Kombination aus dem Baskenland – einfach und köstlich.

Für 4 Personen

500 g Kalbsleber, dünn geschnitten
1–2 EL Milch
4 EL Schweineschmalz oder Butter
500 g Zwiebeln, fein geschnitten
Salz
1 gehäufter EL Mehl
frisch gemahlener schwarzer Pfeffer
½ TL Fenchelsamen

1 Die Leber in schmale Streifen schneiden und etwa ½ Stunde in die Milch einlegen.

2 3 EL Schmalz oder Butter in einer schweren Pfanne erhitzen. die Zwiebeln zufügen, leicht salzen und 25 bis 30 Minuten auf sehr kleiner Flamme unter häufigem Wenden braten, bis sie weich und leicht karamellisiert sind. In ein Sieb geben und die Abtropfflüssigkeit auffangen.

3 Mehl auf einem Teller mit Salz und Pfeffer mischen. Fleisch abtropfen lassen und rasch durch das Mehl ziehen. Die Pfanne mit übrigem Schmalz oder restlicher Butter und der Abtropfflüssigkeit erhitzen. Leber in die Pfanne legen und bei starker Hitze nicht länger als ein paar Minuten braten; die Streifen in der Pfanne schwenken, damit die Hitze alle Seiten erreicht.

4 Zwiebeln zurück in die Pfanne geben und mit Fenchelsamen bestreuen. Wenden, damit sich Zwiebeln und Fleisch vermischen, und noch einmal 5 Minuten braten. Das war's auch schon.

257

Schweinefleisch ist in Spanien das beliebteste und am weitesten verbreitete Fleisch. Die schlanken, rotborstigen iberischen Allesfresser stammen von den letzten freien Herden Europas ab und wurden in ländlichen Gegenden über lange Zeit als Haustiere gehalten. Sie durften frei durch das Unterholz laufen, um Wurzeln und Eicheln auszugraben, und waren ansonsten nützliche Verwerter von Küchenabfällen, Schalen und allem Essbaren, was ohne sie in den Müll gewandert wäre – bis die EU in Brüssel diese Art der unkontrollierten Schweinemast verbot. In abgelegenen Dörfern schlachtet man noch immer einmal im Jahr ein Schwein, um die Gemeinschaft im Winter mit luftgetrocknetem Schinken und würzigen Chorizos zu versorgen. Im ehemals arabischen Teil Spaniens, zu dem auch Andalusien gehört, war Schweinefleisch bis zur christlichen Reconquista Ende des 15. Jahrhunderts verboten.

Fleisch von Jungrindern im Alter zwischen Milchkälbern und ausgewachsenen Bullen eignet sich vor allem zum Grillen und Braten. Spanische Metzger sind geschickt darin, nahezu das gesamte Tier auszubeinen und es vom Hinterteil über den Bauch bis zur Schulter zu zerlegen und in dünne Schnitzel zu schneiden, die etwas missverständlich als *filete* bezeichnet werden. Alternativ kann man Hachsen oder Innereien zubereiten, zu denen auch die Hoden gehören. Spanische Köche sind der Meinung, dass jedes Teil des Tieres wertvoll und essbar ist, und sorgen dafür, dass es auch auf den Markt kommt. Ochsenfleisch ist nach einem Stierkampf billig zu haben – einst war es das einzige Fleisch, das arme Städter sich leisten konnten.

Lammfleisch wird verzehrt, wo immer man Schafe der Milch, des Fleisches oder der Wolle wegen hält – im Baskenland und in Katalonien genauso wie auf dem Zentralplateau, wo sengende Sommerhitze mit winterlicher Eiseskälte wechselt. In Andalusien war Lamm das bevorzugte Fleisch der Mauren, verschwand nach der Reconquista aber weitgehend vom Speiseplan. In den 1970er Jahren, vier Jahrhunderte, nachdem die Kalifen Granada verlassen hatten, wollte oder konnte der Metzger in Tarifa, meinem Wohnort an der Südspitze Spaniens, seinen Kunden noch immer kein Lammfleisch verkaufen. Warum? *Es carne de Moro* (»Das ist arabisches Fleisch«), war die Antwort. Zur gleichen Zeit gingen in Tarifa verheiratete Frauen nach Art der Musliminnen halb verschleiert auf die Straße, mit Kopftüchern, die ihr Haar und den unteren Teil ihres Gesichtes bedeckten.

Zicklein, das Fleisch junger männlicher Ziegen, ist in ländlichen Gebieten des spanischen Kernlandes sehr beliebt. In Kastilien und Aragonien, Andalusien und der Levante ist die genügsame Ziege, die sich dem Terrain anpasst und mit wenig Futter und noch weniger Wasser auskommt, der wichtigste Milchlieferant. Zicklein, im Brotofen gebacken oder im Eintopf gegart, bilden den Höhepunkt bei ländlichen Hochzeitsfeiern, Richtfesten oder anderen Gelegenheiten, die kulinarisch etwas Besonderes verlangen.

Innereien und Hackfleisch waren traditionell billige Eiweißlieferanten für arme Städter und Menschen, die keinen Zugriff auf frisches Wild, Geflügel und Schweine hatten, von denen sich Landbewohner ernähren konnten – die Zustimmung der Grundbesitzer natürlich vorausgesetzt.

Wild

pichones con ajos

GESCHMORTE TAUBEN MIT KNOBLAUCH

Die knoblauchhaltige, süßsaure Sauce ist der perfekte Begleiter für den typischen Geschmack von Wildgeflügel. Tauben werden dabei immer etwas vernachlässigt; lange waren sie ein Armeleuteessen – man fing sie mit Netzen oder schoss sie, wenn sie abends wohlgenährt von den Feldern der Grundbesitzer heimkehrten. Als Alternative bieten sich Stubenküken oder Zuchtwachteln an.

Für 4–8 Personen

8 Tauben, gewaschen und trocken getupft
Salz
6 EL Olivenöl
2 Zwiebeln, fein geschnitten
24 dicke Knoblauchzehen, ganz und ungeschält
250 ml Rotwein
1 EL Rotweinessig
1 EL Rosinen
2 Lorbeerblätter
1 kleine Zimtstange
2–3 Gewürznelken
frisch gemahlener schwarzer Pfeffer

1 Tauben von etwaigen noch vorhandenen Federn und Feder-
kielen befreien und trocken tupfen. Innen und außen salzen.

2 Das Öl in einer schweren, feuerfesten Kasserolle mit fest
schließendem Deckel erhitzen. Die Tauben hineinlegen und
im heißen Öl wenden, bis die Haut leicht braun wird. Aus der
Kasserolle nehmen und beiseite legen.

3 Zwiebeln und Knoblauch in die Kasserolle geben und etwa
15 Minuten bei geringer Hitze weich und goldbraun braten,
ohne dass die Zwiebeln anbrennen. Die Tauben zurück in die
Kasserolle legen.

4 Wein angießen und bei starker Hitze aufkochen, damit der
Alkohol verdampft. Die übrigen Zutaten und ein Glas Wasser
(etwa 150 ml) zufügen und alles erneut zum Kochen bringen.

5 Hitze reduzieren, den Deckel fest schließen und die Kasserolle
in den auf 160 °C vorgeheizten Ofen schieben oder mindestens
1 Stunde auf dem Herd schmoren lassen, bis das Fleisch so zart
ist, dass man es mit dem Löffel zerteilen kann. Regelmäßig
nachschauen, die Vögel mit Bratensaft begießen und, falls nötig,
etwas Wasser nachgießen.

6 Die Tauben auf einer vorgewärmten Platte anrichten. Die
Schmorflüssigkeit aufkochen lassen, um das Aroma zu
konzentrieren, dann die Sauce über die Tauben verteilen.

7 Die Tauben am besten mit den Fingern essen und die Sauce
mit Brot auftunken. Die Knoblauchzehen sind durch die
lange Garzeit mild und süß geworden. Man kann sie mühelos aus
der papierartigen Haut direkt in den Mund drücken.

perdices con col

REBHUHN MIT KOHL

Ein typisch ländliches Gericht für den Herbst, wenn der Erste Kohl des Jahres seine festen grünen Köpfe zeigt, die Rebhühner sich in den Weinbergen dick und rund fressen und die Wälder voller Steinpilze, Pfifferlinge und Edelreizker sind. Das Rezept lässt sich auch gut mit Perlhühnern zubereiten; zwei Vögel reichen dann für vier Personen.

Für 4 Personen

1 EL Mehl
Salz und frisch gemahlener schwarzer Pfeffer
4 Rebhühner
6 EL Olivenöl
1 große Zwiebel, fein gehackt
1 große Karotte, in Würfel geschnitten
100 g wilde Pilze oder Zuchtpilze, abgerieben und
in Scheiben geschnitten
1 EL Serranoschinkenwürfel
etwa 300 ml Rotwein
1 Thymianzweig
1 Lorbeerblatt
1 mittelgroßer Grünkohl, in Streifen geschnitten

1 Das Mehl auf einem Teller mit Salz und Pfeffer mischen. Die Vögel von etwaigen noch vorhandenen Federresten oder Kielen befreien. Mit etwas gewürztem Mehl bestäuben, um die zarte Haut zu schützen.

2 Das Öl in einer schweren, feuerfesten Kasserolle erhitzen und die Vögel darin bei geringer Hitze von allen Seiten anbraten. Vom Herd nehmen und beiseite stellen. Die Zwiebel und die Karotte ins heiße Öl geben und braten, bis sie weich und gold-gelb, jedoch nicht braun sind. Pilze und Schinken zufügen und braten, bis sie Flüssigkeit abgeben und zu brutzeln beginnen. Wein, Thymian und Lorbeerblatt zufügen und einige Minuten aufkochen, damit der Alkohol verdampft.

3 Die Vögel in die Kasserolle zurückgeben, ein Glas Wasser (etwa 150 ml) angießen, erneut aufkochen, dann die Hitze reduzieren. Kasserolle fest mit einem Deckel verschließen und je nach Größe und Alter der Vögel 40 bis 60 Minuten bei geringer Hitze schmoren lassen, bis das Fleisch zart ist (der Schlegel muss sich leicht im Gelenk bewegen lassen). Die Vögel aus dem Topf nehmen und warm stellen.

4 Die Garflüssigkeit erneut erhitzen, mit Salz und Pfeffer ab-schmecken und den in Streifen geschnittenen Kohl zufügen. Aufkochen lassen, fest verschließen und 3 bis 4 Minuten bei hoher Temperatur dünsten, bis der Kohl weich, aber noch leuchtend grün ist. Den Kohl mit einem Schaumlöffel aus der Kasserolle schöpfen und auf einer vorgewärmten Platte an-richten. Die Rebhühner darauflegen und mit der Garflüssigkeit beträufeln; diese zuvor kurz aufkochen, falls nötig, um dadurch den Geschmack zu konzentrieren.

conejo con ciruelas pasas

KANINCHEN MIT DÖRRPFLAUMEN

Ein Gericht aus dem Baskenland, wo Kaninchen in den Gemüsegärten ihr Futter suchen und Pflaumen für den Winter getrocknet werden. Wer das Kaninchen selbst vorbereitet, entfernt mit einem scharfen Messer die bläuliche Membran, die Rücken und Läufe bedeckt; sonst wird das Fleisch nicht weich. Sie können auch Ente oder Hähnchen verwenden. Wenn Sie zufällig eine Flasche pacharán, baskischen Pflaumenschnaps, im Haus haben, geben Sie am Ende der Kochzeit einen Schuss dazu, und zünden Sie ihn an, um den Alkohol zu verbrennen. Der Geschmack wird dadurch wunderbar verstärkt.

Für 4–6 Personen

2–3 EL Mehl
Salz und frisch gemahlener schwarzer Pfeffer
1 großes Stallkaninchen (oder zwei kleine wilde),
in mehrere Teile zerlegt
2 EL Schweineschmalz oder Butter
250 g kleine Zwiebeln oder Schalotten
3–4 Knoblauchzehen, grob gehackt
300 ml Rotwein
1 Thymianzweig
1–2 Lorbeerblätter

2–3 Gewürznelken
1 kleine Zimtstange
250 g Dörrpflaumen, zum Quellen eingeweicht

1 Das Mehl auf einem Teller mit Salz und Pfeffer mischen. Die Kaninchenteile im gewürzten Mehl wenden.

2 Schmalz oder Butter in einer großen Kasserolle erhitzen und Zwiebeln oder Schalotten und Knoblauch auf kleiner Flamme darin anbraten, bis sie goldbraun werden. An die Seite schieben und die Kaninchenteile im heißen Fett leicht bräunen.

3 Wein, Kräuter und Gewürze zufügen und ein bis zwei Gläser Wasser angießen, so dass alles bedeckt ist. Aufkochen lassen, dann die Hitze reduzieren und einen Deckel lose auflegen. Etwa 1 Stunde auf kleiner Flamme köcheln lassen, bis das Fleisch zart ist. Von Zeit zu Zeit nachschauen; falls nötig, etwas Wasser nachgießen.

4 Nach ½ Stunde die Dörrpflaumen zufügen. Am Ende der Kochzeit den Deckel abnehmen und die Flüssigkeit bei starker Hitze zu einer glänzenden Sauce einkochen. Mit Salz und Pfeffer abschmecken.

SERVIERTIPP Im Kochgeschirr servieren oder auf einer vorgewärmten Platte anrichten. Mit dem Löffel essen und die Finger zu Hilfe nehmen – niemand schafft es, ein knochiges kleines Kaninchen mit Messer und Gabel zu verzehren.

pato a la sevillana

WILDENTE MIT OLIVEN UND ORANGEN

In den Auen des Guadalquivir und den Feuchtgebieten um Valencia überwintern alle möglichen Entenarten, was natürlich viele Jäger anlockt. Alternativ können Sie in Viertel zerlegte Zuchtenten verwenden. Die Sevilla-Orangen zur Marmeladenherstellung, mit dünner Haut und bitterem Geschmack, gibt es nur im Januar und Februar; sonst sollte man Zitronen oder Limetten nehmen.

Für 4 Personen

2 Stockenten, in Viertel zerlegt, oder
4 kleinere Wildenten, halbiert
frisch gemahlener schwarzer Pfeffer
2 EL Olivenöl
2 Knoblauchzehen, fein gehackt
2 EL Serranoschinkenwürfel
1 TL gemahlener Zimt
½ TL gemahlene Gewürznelken
1 EL grüne Oliven, nach Belieben mit oder ohne Kerne
2 bittere Orangen oder 2 kleine, dünnschalige Zitronen,
in Würfel geschnitten
etwa 150 ml trockener Sherry oder Weißwein
Salz

1 Ententeile abtupfen und pfeffern. Mit 1 EL Olivenöl beträufeln und mit Knoblauch bestreuen. 30 Minuten ruhen lassen.

2 Das restliche Öl in einer schweren, feuerfesten Kasserolle erhitzen, die Ente darin auf kleiner Flamme leicht bräunen.

3 Schinkenwürfel, Gewürze, Oliven und die Zitrusfrucht zufügen und alles 1 bis 2 Minuten miteinander vermengen.

4 Sherry oder Weißwein angießen und so viel Wasser zufügen, dass alles bedeckt ist. Aufkochen lassen, einen Deckel lose auflegen, die Hitze reduzieren und das Fleisch 30 bis 40 Minuten auf kleiner Flamme köcheln lassen, bis es zart ist und die Sauce nur noch ein dicklicher, üppiger, zitroniger Fond ist. Abschmecken und salzen, falls nötig (Schinken und Oliven sorgen eigentlich für genügend Salz).

SERVIERTIPP Dazu passen knusprige, zweimal in Olivenöl gebratene Kartoffeln und ein Endiviensalat, der nach Art von Sevilla mit etwas Sherryessig, Olivenöl, Meersalz und einigen Zweigen Estragon angemacht wird.

venado estofado con chocolate

REHRAGOUT MIT SCHOKOLADE

Wildbret schmeckt grundsätzlich besser, wenn man es über Nacht in eine Marinade legt. Das Fleisch ist mager und trocken, die Geschmacksnuancen müssen daher gut entwickelt sein, damit man sie wahrnimmt. Die Schokolade bekommt ihren Auftritt am Ende, um die Sauce anzudicken und dunkel zu färben – einen ähnlichen Effekt erzielt man bei Wildragout mit Blut.

Für 4 Personen

1 kg Reh (oder Hirsch) aus der Schulter, in Würfel geschnitten

MARINADE
1 Flasche Rotwein
2 EL Olivenöl
1 EL Sherry- oder Rotweinessig
2 Knoblauchzehen, gepresst
1–2 Lorbeerblätter
1 TL zerstoßene Pimentkörner
½ TL zerstoßene Pfefferkörner
½ TL Salz

2 EL Öl
1 dicke Scheibe Serranoschinkenspeck oder einfacher
fetter Speck, in Würfel geschnitten
500 g Perlzwiebeln oder Schalotten
1 große Karotte, in Würfel geschnitten
50 g dunkle Bitterschokolade, gerieben
Salz und frisch gemahlener schwarzer Pfeffer
1 EL Mandelblättchen

1 Aus Wein, Öl, Essig, Knoblauch, Lorbeer, Piment, Pfefferkörnern und Salz eine Marinade anrühren. Die Fleischwürfel
in eine Schüssel geben und mit der Marinade vermischen. Über
Nacht (noch besser 2 Tage) kühl stellen.

2 Am nächsten Tag das Fleisch aus der Marinade nehmen,
abtropfen lassen und trocken schütteln, die Marinade
auffangen und aufbewahren.

3 1 EL Öl in einem tiefen Topf erhitzen und die Speckwürfel,
die Hälfte der Zwiebeln oder Schalotten sowie die Karottenwürfel hineingeben. Alles einige Minuten anbraten, dann auf eine
Seite schieben und das Fleisch zufügen (falls die Sauce dicker
werden soll, das Fleisch vorher mit Mehl bestäuben). Braten, bis
das Fleisch fest und leicht braun ist.

4 Die Marinade mit allen Bestandteilen zufügen, alles aufkochen
und anschließend die Hitze reduzieren. Mit lose aufgelegtem
Deckel etwa 1 Stunde köcheln lassen, bis das Rehfleisch zart ist.
Falls nötig, etwas Wasser nachgießen, jedoch nicht zu viel – die

Sauce soll dick und üppig werden. 10 Minuten vor Ende der Garzeit die Schokolade unterrühren und aufkochen, damit die Sauce andickt. Abschmecken, salzen und pfeffern, falls nötig.

5 In der Zwischenzeit die restlichen Zwiebeln oder Schalotten mit dem restlichen Öl bei geringer Hitze in einer geschlossenen Pfanne goldbraun und weich dünsten, aus der Pfanne nehmen und beiseite stellen. Die Mandeln in der Zwiebelflüssigkeit goldbraun rösten.

6 Das Fleisch auf einer vorgewärmten Platte anrichten, die Sauce darüber verteilen. Mit Zwiebeln und Mandelblättchen bestreuen und sofort servieren.

INFO Schokolade war ursprünglich ein stärkendes Gebräu, dem man wundertätige Kräfte zuschrieb. Es wurde aus den fermentierten, gerösteten Samen des mittelamerikanischen Kakaobaumes zubereitet. Vom Hof des berühmten Aztekenherrschers Moctezuma, wo man Schokolade zu rituellen Anlässen verzehrte, gelangte sie zunächst nach Spanien. Die Azteken hatten sie ungesüßt, mit Maismehl angedickt und mit Chili gewürzt, zu sich genommen – als Symbol für das Opfer von Menschenblut. Angesichts dieser Vergangenheit ist es nur konsequent, wenn man sie anstelle von Blut zum Andicken von Wildragouts verwendet. In Spanien, Italien und Frankreich und anderen Ländern mit Schokoladentradition kann man ungesüßte Schokolade für würzige Gerichte als Pulver und Tafeln kaufen.

codornices a la parilla con salsa verde

GEGRILLTE WACHTELN MIT PETERSILIEN-KNOBLAUCH-SAUCE

Als ich Anfang der 1960er Jahre mit meiner Familie in ein abgelegenes spanisches Tal zog, schlachteten unsere Nachbarn grundsätzlich alles, was Federn hatte und fliegen konnte. Kleine Vögel überließ man den Jungs, und mein Sohn lernte von seinen neuen Schulkameraden schnell alle Tricks. Die Beute – beliebte Gratismahlzeiten – wurde so, wie sie aus der Luft kam, auf Spieße gesteckt und über einem Holzfeuer mit Wacholder, Rosmarin und Thymian gegrillt. Die kleinen Opfer – kaum mehr als ein Bissen, waren köstlich, keine Frage, doch der gesunde Menschenverstand und die Ausstrahlung einer beliebten Tiersendung im Fernsehen machten dieser Praxis zum Glück ein Ende. So konnten sich die ohnehin schon vom Verlust ihres Lebensraumes bedrohten Vogelarten langsam wieder erholen. Die Zuchtwachteln, die ihre wilden Artgenossen ersetzten, haben feines, helles und zartes Fleisch, das allerdings manchmal etwas fad schmeckt und deshalb eine deftige Petersilien-Knoblauch-Sauce nach baskischer Art gut verträgt.

Für 4 Personen

Vögel

8 aufgeschnittene, aufgeklappte Wachteln

Marinade

2 EL Olivenöl
Saft von 1 Zitrone
2 Knoblauchzehen, fein geschnitten
1 EL getrockneter Oregano
Salz und frisch gemahlener schwarzer Pfeffer

Sauce

2 Scheiben Bauernbrot ohne Kruste, eingeweicht
und ausgedrückt
2 Knoblauchzehen, mit etwas Salz grob gepresst
300 ml frisch gehackte glatte Petersilie (etwa 150 g)
2 EL Weißwein- oder Sherryessig
150 ml Olivenöl

1 Aus den Zutaten eine Marinade anrühren. Die Wachteln auf Spieße stecken, damit sie weit geöffnet bleiben. Beide Seiten mit der Marinade beträufeln und 1 bis 2 Stunden bei Zimmertemperatur oder über Nacht im Kühlschrank marinieren.

2 Grill anheizen oder Ofen auf maximale Temperatur stellen. Die Vögel 10 Minuten auf einer Seite grillen oder braten, wenden, mit Bratensaft beträufeln und weitere 5 bis 8 Minuten grillen, bis das Fleisch fest und die Haut gut gebräunt ist. Mit einer Rouladennadel oder einem dünnen Spieß in Brust und Schenkel stechen: Das Fleisch ist gar, wenn klare Flüssigkeit austritt.

3 In der Zwischenzeit die Sauce zubereiten. Dazu alle Zutaten mit Ausnahme des Öls im Mixer zu einer dicklichen Masse verarbeiten, dann das Öl langsam wie für eine Mayonnaise in einem dünnen Strahl einfließen lassen, so dass eine cremige Sauce entsteht. Falls die Sauce gerinnt, rasch etwas kochendes Wasser unterrühren.

SERVIERTIPP Die Wachteln auf dicken Scheiben geröstetem Landbrot servieren, um den Saft aufzufangen. Die Petersilien-Knoblauch-Sauce separat dazureichen.

TIPP Wachteln oder andere Vögel sollte man am Rücken-knochen entlang aufschneiden, die beiden Hälften auseinander-klappen und mit der Hand auf dem Brustknochen platt drücken. Sie sehen dann zwar aus wie ein zerquetschter Frosch, sind aber in der halben Zeit gar.

Wild – mit Fell oder Federn – wird wegen seines mageren Fleisches und kräftigen Geschmacks in der spanischen Küche sehr geschätzt. Großes Wild wie Hirsche und Wildschweine gehörte traditionell dem Grundbesitzer, während kleinere Arten – Kaninchen, Tauben und Vögel, für die der hohe Herr keine Kugel verschwendete – den Armen überlassen wurden.

Auf der Iberischen Halbinsel gibt es noch heute reichlich Wild, obwohl die Wälder bis in die Bergregionen zurückgedrängt wurden, um der Landwirtschaft Platz zu machen. Spanische Jäger verzichten auf ausgefallene, langwierige Zubereitungsarten – ohnehin würde die Hitze des Sommers die Tiere rasch verderben lassen – und essen das Wild lieber so, wie es vom Feld kommt, am besten langsam und saftig geschmort. Die Wildragouts der spanischen Küche sind so konzipiert, dass sie jedem Fleisch, ganz gleich, wie alt oder zart es ist, Geschmack und Fülle verleihen. Wildenten, Tauben und Rebhühner sind das am weitesten verbreitete spanische Federwild, Trappen und Wachteln sind dagegen nahezu ausgestorben. In ländlichen Gemeinden, in denen noch gekocht wird wie zu Großmutters Zeiten, isst man auch gern noch kleineres Getier: In Andalusien werden im Sommer auf den Viehweiden Schnecken gesammelt, kaum größer als ein Fingernagel, und in den Feuchtgebieten der Levante machen die Reisbauern auch vor Fröschen nicht Halt.

Desserts

flan de naranja

ORANGEN-KARAMELL-PUDDING

Die gängige Version dieses beliebten Desserts wird mit
Milch und Pulver aus der Tüte zubereitet. Sie ist bei
allen Kindern beliebt und steht auf jeder Speisekarte zwischen
Bilbao und Cádiz. In dieser hausgemachten valencianischen
Variante verwendet man frisch gepressten Orangensaft; wer das
nicht mag, ersetzt den Orangensaft einfach durch Vollmilch.

Für 4–6 Personen

KARAMELL
4 EL Zucker

PUDDING
500 ml frisch gepresster Orangensaft
3 ganze Eier und 3 Eigelbe
2 EL Zucker

1 Zuerst den Karamell in einem kleinen Topf zubereiten. Dazu den trockenen Zucker unter stetigem Rühren mit einem Holzlöffel bei gleichmäßiger Hitzezufuhr schmelzen, bis er kastanienbraun wird. Das Ganze dauert nur wenige Augenblicke.

2 Den Topf vom Herd nehmen und 3 bis 4 EL Wasser zufügen (Achtung: Spritzgefahr!). Bei geringer Hitze mit dem Zucker zu einem dicken, dunklen Sirup kochen. Karamell rasch in eine Souffleeform oder in vier bis sechs Portionsförmchen füllen, so dass der Boden gleichmäßig bedeckt ist.

3 Den Ofen auf 160 °C vorheizen. Den Orangensaft mit Eiern, Eigelben und Zucker gut verrühren. Die Mischung in die Form gießen oder auf die Portionsförmchen verteilen.

4 Form bzw. Förmchen in eine größere, feuerfeste Form stellen und so viel kochendes Wasser angießen, dass die Förmchen halbhoch darin stehen. In den Ofen schieben und stocken lassen; in der großen Form braucht der Pudding 40 bis 50 Minuten, in Portionsförmchen 25 bis 30 Minuten.

5 Abkühlen lassen. Dann mit einem Messer den Rand lösen und den Pudding kurz vor dem Servieren stürzen, so dass sich die Karamellsauce darüber ergießt.

leche frita

GEBRATENE PUDDINGSCHNITTEN

Die katalanische Version der pikanten andalusischen croqueta *schmeckt süß*. Wer die eine Sorte zubereiten kann, hat auch mit der anderen keine Probleme. Anstelle von Vanillezucker können Sie echte, ausgekratzte Vanille aus einer Vanilleschote oder einen Tropfen echten Vanilleextrakt verwenden. Zimt, abgeriebene Orangenschale oder ein Schuss Ihres Lieblingslikörs sorgen für Abwechslung.

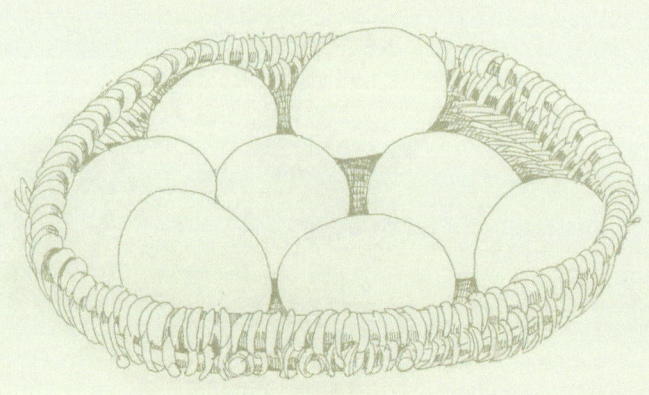

Für 4–6 Personen

PUDDING
6 mittelgroße Eier
etwa 125 g Mehl
150 ml Milch
abgeriebene Schale von ½ unbehandelten Zitrone
1 kleine Zimtstange
1 TL Orangenblütenwasser oder Orangensaft
125 g Vanillezucker

PANADE
2 Eier
etwa 3 EL Milch
etwa 100 g fein gemahlene, geröstete Semmelbrösel
Öl zum Braten

ZUM GARNIEREN
gemahlener Zimt
Zucker

1 Zwei Eier verquirlen und so viel Mehl unterrühren, dass ein
steifer Teig entsteht. Die übrigen vier Eier verquirlen und
unter den Teig rühren, bis dieser weich ist.

2 Die Milch mit der Zitronenschale und der Zimtstange in einem schweren Topf zum Kochen bringen. Vom Herd nehmen und abkühlen lassen.

3 Die Eimischung einrühren, Gemisch aufschlagen, bis es weich ist, und langsam unter stetigem Rühren zum Kochen bringen. Kurz vorher mit dem Orangenwasser oder Saft abkühlen.

4 Vanillezucker unterrühren. Auf kleiner Flamme weiter erhitzen (jedoch nicht kochen), bis die Masse so dick ist, dass sie fest wird, wenn man einen Klecks auf eine kalte Untertasse gibt.

5 Ein Backblech mit Frischhaltefolie auslegen und eine etwa daumendicke Schicht Pudding darauf verteilen. Abkühlen lassen, mit einer weiteren Schicht Frischhaltefolie bedecken und zum Stocken für einige Stunden (am besten über Nacht) in den Kühlschrank stellen.

6 Den Pudding in mundgerechte Streifen, Rauten oder Dreiecke schneiden. Nun für die Panade die Eier mit der gleichen Menge Milch verquirlen und in einen Teller geben. Auf einem anderen Teller die Semmelbrösel verteilen.

7 Die Puddingstücke zuerst durch die Ei-Milch-Mischung ziehen, dann in die Semmelbrösel drücken, so dass sie rundum paniert sind. Freie Stellen mit Ei und Semmelbröseln verschließen.

8 Die Puddingschnitten für mindestens 1 Stunde in den Kühlschrank legen, damit die Panade anhaftet, oder bis zur weiteren Verarbeitung einfrieren.

9 Eine Pfanne mit Öl stark erhitzen. Jeweils nur so viele Schnitten direkt aus dem Kühlschrank hineingeben, dass die Temperatur konstant bleibt. Schnitten unter einmaligem Wenden knusprig braun braten.

10 Die Schnitten mit einem Schaumlöffel vorsichtig aus dem Öl nehmen und zum Abtropfen auf Küchenpapier legen. Mit Zimt und Zucker bestreuen und so heiß wie möglich servieren, solange sie noch knusprig sind.

SERVIERTIPP Dazu passen mit Honig beträufelte Orangenschnitze. Köstlich schmecken die Puddingschnitten auch mit frischen Erdbeeren.

coca con almendras y fruta confitada

HEFEKUCHEN MIT MANDELN UND KANDIERTEN FRÜCHTEN

Puristen beharren gern darauf, dass die echte coca aus der Levante oder von den Balearen ein flacher Fladen ist, ein Teig aus Wasser und Mehl, der in der Sonne aufgeht, von Hirten in der Glut des Lagerfeuers gebacken und mit Öl und Salz gegessen wird. Dies mag zwar stimmen, doch der Festtagskuchen mit Marzipan und kandierten Früchten ist zweifellos leckerer. Statt eines großen Kuchens kann man auch mehrere Gebäckstücke formen.

Für 6–8 Personen

1 kg Weizenmehl Type 550
½ TL Salz
1 EL Trockenhefe
1 TL fein abgeriebene unbehandelte Zitronenschale
4 Eier
100 ml mildes Olivenöl
250 g Zucker
etwa 500 ml warme Milch
etwas Mehl zum Bestäuben
Öl zum Einpinseln

MARZIPAN
150 g gemahlene Mandeln
150 g Zucker
1 Eigelb

ZUM ABRUNDEN
1 Ei, mit 1 EL Wasser verquirlt
2 EL gehackte kandierte Früchte

1 Das Mehl mit dem Salz in eine warme Schüssel sieben. Hefe und Zitronenschale untermischen. Eine Mulde ins Mehl drücken, Eier, Öl und Zucker hineingeben. So viel warme Milch unterrühren, dass ein weicher Teig entsteht. Den Teig zu einem geschmeidigen Ball kneten, der sich vom Schüsselrand löst. Mit Frischhaltefolie bedecken; diese an den Rändern gut festdrücken, damit eine Art Treibhaus entsteht, in dem der Teig gehen kann.

Den Teig an einem warmen Ort gehen lassen, bis er sein Volumen verdoppelt hat. Dieser Teig braucht dazu mindestens 2 Stunden.

2 In der Zwischenzeit das Marzipan zubereiten. Dazu die gemahlenen Mandeln und den Zucker mit dem Eigelb zu einer weichen, ausrollbaren Paste verarbeiten – falls nötig, etwas Wasser zugeben.

3 Wenn der Teig sein Volumen verdoppelt hat, wird er kräftig geschlagen und erneut geknetet, damit Luftblasen im Inneren platzen. Den Teig nun zu einem Ball formen, diesen in zwei Teile schneiden. Die Teile abermals kneten und jedes Teil zu einem langen Rechteck ausrollen, das etwa daumenbreit dick sein sollte.

4 Die Rechtecke auf ein geöltes, mit Mehl bestäubtes Backblech legen. Jedes Stück mit Marzipan überziehen, dabei ringsum einen schmalen Rand lassen.

5 Zum Schluss die Teigstücke an mehreren Stellen einstechen, mit der Ei-Wasser-Mischung bestreichen und mit kandierten Früchten bestreuen. Mit Frischhaltefolie abdecken und nochmals 20 bis 30 Minuten gehen lassen.

6 Den Backofen auf 180 °C vorheizen. Die Teigstücke 30 bis 40 Minuten backen, bis sie gut aufgegangen und locker sind. Das Marzipan wird bräunlich und fest. Falls es anzubrennen droht, bevor der Teig durch ist, mit Alufolie abdecken. Den Kuchen zum Abkühlen auf ein Kuchengitter legen.

SERVIERTIPP Dazu schmeckt ein Glas eisgekühltes *agua de Valencia*, ein Mischgetränk aus Sekt auf Eis und Orangensaft.

Desserts werden in Spanien nur zu besonderen Anlässen serviert. Im Alltag gibt es ganzjährig so viel frisches Obst, dass man zum Abschluss eines Essens meistens die Wahl zwischen einer Scheibe Melone, einer Hand voll honigsüßer Trauben oder einer saftigen Orange, einem weichfleischigen Apfel, einer reifen Feige, gelben oder rosaweißen Pfirsichen, Aprikosen oder Pflaumen hat. Beeren reifen früh im Jahr, die ersten bereits an warmen Frühjahrstagen. Melonen sind Spätsommerfrüchte, es gibt die beliebten Honigmelonen, außerdem saftig-rote Wassermelonen und kleine Cantaloup-Melonen, die ihre Süße und ihren Saft geradewegs aus dem Stein zu ziehen scheinen. Im Winter kommen Quitten, Mispeln, tiefrote Granatäpfel, Bananen und Ananas von den Kanaren auf den Tisch.

Doch natürlich lieben Kinder wie Erwachsene Süßspeisen. Obwohl es in Spanien so viele frische Früchte gibt, finden gesüßte Obstkonserven erstaunlich viel Absatz. Kinder mögen Pudding, den es mitsamt der Karamellsauce auch abgepackt gibt, und natürlich gefrorene Desserts, zum Beispiel Eiscreme mit *horchata* (Mandelmilch). Zuckersüßes Gebäck, Pudding mit viel Eigelb und Mandel-Honig-Konfekt verdanken die Spanier vermutlich den Mauren, denn diese bauten als Erste in Andalusien und an der Algarve Zucker-rohr an, um die Höfe der Kalifen mit Sorbet und türkischem Honig beliefern zu können. Granada fiel zurück an die Spanier, doch die Vorliebe für Süßes blieb. Das Naschwerk, das zuvor die Haremsdamen aus dem Serail erfreut hatte, wurde nun von Nonnen für die Patronatsfeste weiblicher Heiliger, insbesondere der Jungfrau Maria, zubereitet.

pastel de Santiago

ST.-JAKOBS-MANDELTORTE

Die gehaltvolle Zitronentorte sollte Pilger auf ihrem langen Marsch nach Santiago de Compostela stärken, wo sich das Grab des hl. Jakob befindet. Santiago gehört mit Rom und Jerusalem zu den wichtigsten Wallfahrtsorten der katholischen Christen. Die Zitrone steht für den Kummer über Jesu Tod am Karfreitag, die Mandeln, die ursprünglich aus dem Jordantal stammten, erinnern ans Heilige Land. Jetzt wissen Sie's.

Für 6–8 Personen

TEIG
100 g frisches Schweineschmalz oder Butter
100 g Zucker
1 Ei
1 TL gemahlener Zimt
etwa 200 g Mehl

FÜLLUNG
8 Eier
500 g Zucker
500 g gemahlene Mandeln
fein abgeriebene Schale und Saft von 1 unbehandelten Zitrone
Puderzucker zum Bestäuben

1 Zuerst den Teig zubereiten. Dafür Schmalz oder Butter mit Zucker schaumig schlagen, das Ei und den Zimt unterrühren. Mit der Hand oder der Küchenmaschine so viel Mehl einarbeiten, dass ein weicher, geschmeidiger Teig entsteht. Den Teig zu einem Ball rollen, mit Frischhaltefolie abdecken und 30 Minuten ruhen lassen. Dann dünn auf einer bemehlten Oberfläche ausrollen und eine Tarteform (22 cm Durchmesser) damit auslegen. Überstehende Ränder abschneiden und als Plätzchenteig verwenden – sie eignen sich prima zum Dippen in ein Glas Málaga-Wein oder goldgelben *moscatel de Valencia*.

2 Den Backofen auf 200 °C vorheizen. Nun die Füllung zubereiten: Die Eier luftig aufschlagen, dann den Zucker löffelweise unter stetigem Schlagen unterziehen, bis eine weiße Masse entsteht, die das doppelte Volumen hat; selbst mit dem Rührgerät dauert dies viel länger, als man zunächst meint. Nach und nach gemahlene Mandeln, Zitronenschale und -saft unterziehen. Die Mischung auf den Teig geben – sie darf ruhig bis zum oberen Rand gehen, da sie einsinkt, wenn sie fest wird. Überschüssige Füllung können Sie in Madeleine-Förmchen verbacken.

3 Die Torte 45 bis 50 Minuten backen, bis der Teig knusprig und die Füllung fest und schön braun ist.

4 Torte aus der Form lösen und abkühlen lassen, dann mit Puderzucker bestäuben. Falls vorhanden, vorher die Schablone einer Jakobsmuschel, des Erkennungszeichens der Pilger, auf die Torte legen, damit ein Muster entsteht. Wer möchte, kann den Teig mit Quittenpaste oder Pflaumenmus bestreichen, bevor er die Mandelmischung daraufgibt; in diesem Fall den Teig vorher 10 Minuten im heißen Ofen vorbacken, damit die Oberfläche fest wird.

granita de horchata

MANDELMILCH-GRANITA

Horchata, *ein Erbstück der Maurenherrschaft über Andalusien, ist ein Getränk aus gemahlenen Mandeln* und Wasser, mit Zimt aromatisiert und mit Zucker leicht gesüßt. Als Durstlöscher serviert man horchata *eisgekühlt in hohen Gläsern – im Sommer bekommt man sie in Südspanien in vielen Bars. Die handelsüblichen Fertigprodukte sind meistens mit Erdmandeln zubereitet, doch man kann* horchata *mühelos selbst aus den aromatischeren Mandeln herstellen.*

Ergibt etwa 1,5 Liter

**250 g blanchierte Mandeln
etwa 2 EL Zucker (nach Belieben mehr)
1 kleine Zimtstange**

1 Die Mandeln mit 1 Tasse Wasser (etwa 300 ml) im Mixer zu einer dicken Creme pürieren. Mit Wasser auf 1 Liter auffüllen und über Nacht stehen lassen.

2 Am nächsten Tag die milchige Flüssigkeit durch ein Sieb in einen Topf gießen, Zucker und Zimtstange zufügen. Die Flüssigkeit aufkochen und abkühlen lassen. Zimtstange entfernen.

3 In einer Sorbetmaschine oder in einem Eisbehälter im Tiefkühlfach des Kühlschranks gefrieren lassen. Ist die Mischung fast gefroren, wird sie in der Küchenmaschine zerkleinert, um die Eiskristalle aufzubrechen. Erneut gefrieren lassen, bis die Masse fest ist.

4 Den Behälter 10 Minuten vor Gebrauch aus dem Kühlschrank nehmen. Den Inhalt vor dem Servieren erneut zerkleinern.

melocotones en vino con canela

ROTWEINPFIRSICHE MIT ZIMT

Die Pfirsiche im dunkelroten Samtgewand, die beim Aufschneiden ihr goldenes Fruchtfleisch entblößen, sind optisch und kulinarisch gleichermaßen aufsehenerregend.

Für 4 Personen

4 große, feste Pfirsiche mit gelbem Fruchtfleisch
1 Flasche kräftiger spanischer Rotwein
1 kleine Zimtstange (etwa 5 cm lang)
2 Gewürznelken
8 Pfefferkörner
1 Lorbeerblatt
etwa 4 gehäufte EL Zucker
Saft von 1 Zitrone

1 Die Pfirsiche mit heißem Wasser überbrühen und die Haut abziehen. Die Früchte in einen schweren, gerade ausreichend großen Topf setzen.

2 Die übrigen Zutaten zufügen; der Wein sollte die Früchte gerade bedecken. Zum Kochen bringen, dann die Hitze reduzieren, einen Deckel auflegen und die Pfirsiche auf kleiner Flamme etwa 30 bis 40 Minuten pochieren, bis sie weich sind.

3 Die Früchte auf eine Servierplatte setzen. Die Flüssigkeit aufkochen und bei starker Hitze zu einer auf die Hälfte reduzierten, dicklichen und glänzenden Sauce einkochen lassen. Den Sirup durch ein Sieb über die Pfirsiche gießen.

SERVIERTIPP Dazu schmecken *mantecados* (siehe S. 296), weiche, mürbe Mandelplätzchen, die man spanischen Kindern am Vorabend des Dreikönigstages in die Schuhe steckt, wenn alle guten Katholiken in Spanien ihre Geschenke bekommen.

mantecados

SPANISCHE MANDELPLÄTZCHEN

Diese köstlichen Weihnachtsplätzchen, die auch unter dem Namen polverones *(Staubkekse)* bekannt sind, werden zum Dreikönigstag, dem 6. Januar, an die Kinder verteilt. Das kalorienreiche Mürbegebäck wird meistens mit Schmalz, nicht mit Butter zubereitet.

Für etwa 24 Stück

500 g Schweineschmalz
500 g Zucker
4 Eigelbe
abgeriebene Schale und Saft von 1 unbehandelten Zitrone
1 kg Mehl
1 EL gemahlener Zimt
500 g gemahlene Mandeln

1 Schmalz weich schlagen, dann mit Zucker zu einer schaumigen Masse schlagen. Eigelbe und Zitronenschale unterrühren.

2 Das Mehl in den Teig sieben und diesen weiterschlagen. Zimt und Mandeln unterheben. 1 EL Zitronensaft unterziehen und alles zu einem weichen Teig verarbeiten.

3 Den Backofen auf 190 °C vorheizen. Den Teig etwa daumendick ausrollen, mit einem kleinen Weinglas Kreise ausstechen.

4 Die Plätzchen auf ein leicht gefettetes Backblech legen und etwa 20 Minuten backen, dann die Ofentemperatur auf 180 °C einstellen und weitere 15 bis 20 Minuten backen, bis die Plätzchen goldbraun sind.

5 Die Plätzchen vorsichtig zum Abkühlen auf ein Kuchengitter legen. Achtung: Sie brechen leicht. Jedes Plätzchen in ein Stück Seidenpapier wickeln und in einer luftdicht verschließbaren Blechdose lagern.

helado de chocolate con canela

SCHOKOLADEN-ZIMT-EIS

Die Damen am spanischen Hof lernten als Erste die süße Sucht kennen, die mit dem Genuss von Schokolade einhergeht – ein Vergnügen, das in der Alten Welt unbekannt war, bis Kolumbus die Neue Welt entdeckte. Für die Azteken war Schokolade nicht ohne Grund ein Aphrodisiakum, und die Spanier tranken sie mit Zimt gewürzt, um nach einer durchzechten Nacht wieder auf die Beine zu kommen.

Für 4 Personen

50 g gute dunkle Schokolade (mindestens 70 % Kakaoanteil)
1 TL gemahlener Zimt
2 Eigelbe
4 EL Kondensmilch (oder Crème double und 4 EL Zucker)

1 Schokolade in kleine Stücke brechen und bei sehr geringer Hitze in einem kleinen Topf mit 150 ml heißem, nicht kochendem Wasser schmelzen. Sobald die Schokolade flüssig wird, 450 ml heißes Wasser unterrühren. Zimt zufügen und alles rühren, bis eine weiche Masse entsteht. Vom Herd nehmen.

2 Eigelbe und Kondensmilch (oder Crème double und Zucker) aufschlagen und die Mischung in die heiße Flüssigkeit einrühren. Bei geringer Hitze rühren, bis die Mischung so dick ist, dass sie am Rücken eines Holzlöffels kleben bleibt.

3 In der Eismaschine oder im Eisfach des Kühlschranks gefrieren, bis die Masse beinahe fest ist. Die Masse in die Küchenmaschine geben und zerkleinern, so dass die Eiskristalle zerbrechen. Erneut einfrieren.

4 Die Eiscreme 20 Minuten vor dem Servieren herausnehmen, damit sie etwas weicher wird.

SERVIERTIPP Über jede Portion etwas Pedro Ximénez geben; der dicke schwarze Sherry aus den gleichnamigen Trauben hat die Konsistenz von Ahornsirup. Zum Schluss das Eis mit Mandelblättchen bestreuen.

biscocho de aceite

MADEIRAKUCHEN MIT OLIVENÖL

Dieser Kuchen besteht aus vier Grundzutaten zu gleichen Teilen – das Gewicht der Eier (ein mittelgroßes Ei wiegt 50 g) bestimmt das Gewicht der übrigen Zutaten, wobei die Butter durch Olivenöl ersetzt wird. Verwenden Sie ein mildes Olivenöl, kein kaltgepresstes. Sollten Sie kein anderes im Schrank haben, erhitzen Sie es, bis es siedet, und lassen Sie es abkühlen, bevor Sie den Kuchen zubereiten.

Für 6–8 Personen

150 g Mehl
2 TL Backpulver
½ TL Salz
150 g leichtes Olivenöl (nicht kaltgepresst)
3 Eier, leicht verquirlt
150 g Zucker
fein abgeriebene Schale und Saft von 1 kleinen, bitteren
unbehandelten Orange oder 1 unbehandelten Zitrone
etwas Öl zum Einfetten

1 Den Backofen auf 180 °C vorheizen. Mehl, Backpulver und Salz in eine große Schüssel sieben. Die übrigen Zutaten zufügen und alles mit einem Holzlöffel zu einem weichen Teig ohne Klumpen verrühren. Ganz einfach, nicht wahr?

2 Eine 1-kg-Brotbackform einfetten und mit Butterbrotpapier auslegen. Den Teig hineingeben und in die Ecken drücken.

3 50 bis 60 Minuten backen, bis der Kuchen gut aufgegangen ist, sich fest anfühlt (Fingerprobe) und sich von den Rändern löst. Etwas abkühlen lassen, dann aus der Form lösen und auf einem Kuchengitter abkühlen lassen. In einer luftdicht verschließbaren Blechdose für Überraschungsbesuche aufbewahren.

dulce de membrillo

QUITTENBROT

Quitten werden während der Lagerung reif und weich. Verwendbar sind sie, wenn man ihren Duft wahrnehmen kann. Diese kleine Köstlichkeit wird gern an Weihnachten mit einer Scheibe Manchego-Käse serviert.

～

Ergibt etwa 1 kg

2 kg reife Quitten
etwa 1 kg Gelierzucker
Öl zum Einfetten

1 Quitten abreiben, in große Stücke schneiden (nicht entkernen oder schälen) und mit 1,5 Liter Wasser in einen Topf geben.

2 Zum Kochen bringen, die Hitze reduzieren und die Quitten köcheln lassen, bis das Fruchtfleisch weich ist; nicht zu lange kochen, da sie sich sonst rot färben und das Quittenbrot zu dunkel wird.

3 Fruchtfleisch und Saft durch ein Sieb passieren. Das Fruchtfleisch abwiegen und pro 500 g jeweils 500 g Gelierzucker unterrühren.

4 Alles in einen Topf füllen und sehr langsam unter stetigem Rühren zum Kochen bringen, bis der Zucker sich vollständig aufgelöst hat. Die Masse auf ein nur leicht geöltes Backblech legen und bei 110 °C über Nacht im Ofen trocknen lassen. Alternativ 30 bis 35 Minuten im Topf rühren, bis sich die Masse von den Rändern löst; anschließend auf einem Backblech trocknen lassen.

5 Die abgekühlte Masse in Rechtecke schneiden, in Butterbrotpapier packen und in einer luftdicht verschließbaren Blechdose lagern. Das Quittenbrot wird im Laufe der Zeit fester und dunkler.

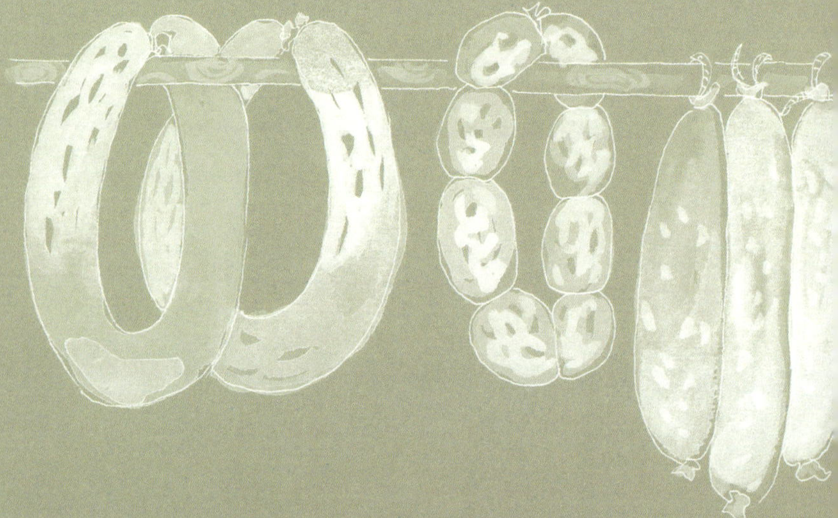

Die
Vorratskammer

Die Vorratskammer

OLIVENÖL

Das aus Oliven gewonnene Öl, die wichtigste Grundzutat der spanischen Küche, stammt von Olivenbäumen, die die Römer auf die Iberische Halbinsel brachten. Olivenöl wird zum Anrichten von Speisen und zum Anreichern der natürlichen Garflüssigkeit von Gerichten, zum Anmachen und zum Braten verwendet. Spanisches Öl stammt in der Regel eher aus Massenproduktion als von einzelnen kleinen Bauern; allerdings vollzieht sich hier ein langsamer Wandel, weil regionale Öle bekannter und geschätzter Herkunft allmählich den Markt erobern. Man unterscheidet drei Typen von Olivenöl: zunächst natives Olivenöl und natives Olivenöl extra, das nicht erhitzte, unbehandelte, kaltgepresste Öl der Olive, ferner raffiniertes Olivenöl – natives Olivenöl, das in der Regel wegen eines zu hohen Säuregehaltes raffiniert wird, damit es sich zum Verzehr eignet – und schließlich einfaches Olivenöl, eine Mischung aus nativem und raffiniertem Öl, das unter dem kontrollierten Einsatz von Hitze aus der zweiten Pressung gewonnen wird. Für die Verwendung gibt es keine festen Regeln, aber im Allgemeinen eignen sich billigere raffinierte Öle am besten zum Braten, während man mit nativen Ölen Salate anmacht oder den Geschmack von Saucen und Eintöpfen verstärkt. Olivenöl ist sowohl bei Gourmets als auch bei all jenen beliebt, die sich um gesunde Ernährung bemühen, weil der hohe Anteil an ungesättigten Fettsäuren hilft, den Cholesterinspiegel zu senken.

SALZ

Die Salzpfannen von Cádiz und den Balearen werden seit Urzeiten als Quelle zur Gewinnung von Meersalz geschätzt, mit dem man früher, als es noch keine Kühlschränke gab, Fleisch, Fisch und Milchprodukte haltbar machte. Spanier vertragen hohe Salzmengen gut, vermutlich, weil gesalzene Oliven und Pökelfleisch seit langer Zeit zu ihren Grundnahrungsmitteln zählen. Seit sich mit steigendem Wohlstand die Ernährung verbessert hat, ist der Anteil an salzigen Schinken und Wurstwaren in der spanischen Küche eher noch gestiegen. Spanische Hausfrauen bevorzugen grobes, körniges, ungebleichtes Salz; die Kristalle machen Salate knackig, Panaden knusprig und verleihen dem Brot einen besonderen Geschmack. Bei der Zubereitung traditioneller Gerichte mit gepökeltem Fleisch sollte man auf zusätzliches Salz verzichten.

SERRANOSCHINKEN

Spanischer »Bergschinken« wird eingesalzen und luftgetrocknet, jedoch nicht erhitzt oder geräuchert. Zusammen mit Olivenöl ist er die wohl beliebteste geschmacksverstärkende Zutat der spanischen Küche. Am nächsten kommt ihm der italienische *prosciutto;* wie dieser muss Serranoschinken nicht unbedingt zart, wohl aber geschmacksintensiv und aromatisch sein. Die besten Stücke werden sehr dünn geschnitten und ohne weitere Zutaten serviert. Die aromatischen, leicht zähen Teile rund um die Knochen dienen als Geschmacksverstärker in Suppen, Saucen und *croquetas,* werden mit Eiern gebraten oder in Tortillas verbacken. Die Knochen sägt man auf und verwendet sie zusammen mit einem Stück goldgelben Specks, um Eintöpfen mehr Geschmack zu verleihen.

CHORIZO

Die gepökelte, luftgetrocknete Wurst, die mit Knoblauch, Kräutern und Gewürzen aromatisiert wird, unterscheidet sich vom französischen *saucisson sec* und der italienischen Salami vor allem durch den Zusatz von *pimentón*, spanischem Paprikapulver, das der Wurst ihre rote Farbe und den scharfen Geschmack verleiht. Überdies ist Chorizo häufig leicht geräuchert. Wie alle haltbaren Würste stammt sie aus der Zeit, als man jene Teile des Schweinefleischs rasch verarbeiten musste, die sich nicht zur Schinkenherstellung eigneten. Man kann Chorizos frisch und weich essen – so wandern sie auch in den Kochtopf – oder geräuchert und fest, dann sind sie dunkler, und die Haut hat einen weichen, weißen Überzug. In leicht geräucherter Form wird Chorizo gern Bohneneintöpfen beigegeben, gebraten mit Brot serviert oder, ähnlich wie Schinken, im Rührei oder der Tortilla verwendet. Es gibt viele regionale Varianten; die typischsten Aromen und Gewürze sind *pimentón*, zerstoßene Pfefferkörner, Kreuzkümmel, Koriandersamen, Rotwein, Knoblauch und Oregano.

KNOBLAUCH

Der unverkennbare Duft dieses scharfen Mitglieds der Zwiebelfamilie steigt aus jedem Topf im Mittelmeerraum auf. Spanischer Knoblauch ist mild und süß, er reift früh, gleich nach den ersten Regenfällen und Sonnenstrahlen im Frühjahr. Kurz nach der Ernte ähnelt er einer weißen Zwiebel: Die fleischigen Häute verbergen winzige, perlenartige Samen. Diese Minizehen wachsen heran und entziehen dabei ihrer Hülle Flüssigkeit, bis diese nur noch aus trockenem Papier zu bestehen scheint. Knoblauch enthält viel natürlichen Zucker, der sich gut zum sanften Karamellisieren eignet, jedoch auch schnell verbrennt. Wer das feine Aroma von Knoblauch liebt, darf sich freuen – die Knoblauchpresse, die die edle Knolle aller Raffinesse beraubt, spiel in der spanischen Küche kaum eine Rolle. In Eintöpfen verwendet man die Zehen meist im Ganzen, geschält oder ungeschält. In letzterem Fall halten andalusische Köche zunächst die ganze Knolle in eine offene Flamme, bis die papierartige Haut schwarz wird und anbrennt. Dadurch werden die Zehen im Inneren leicht geröstet und goldbraun. Wird Knoblauch roh verzehrt, schneidet man die Zehen eher auf, als dass man sie hackt. Für Knoblauch-Öl-Sauce, das katalanische *alioli*, wird er mit etwas Salz in einem Mörser zerdrückt, ehe man, ähnlich wie bei der Zubereitung von Mayonnaise, Öl in einem dünnen Strahl unterzieht. In Katalonien dient *alioli* als Dip für Brot, Dressing für gekochtes Gemüse oder Sauce zu gebratenem oder gegrilltem Fisch sowie zu Reisgerichten mit Fisch. Mit gemahlenen Nüssen und *ñoras*, spanischen getrockneten Paprikaschoten, wird aus *alioli* eine *salsa romesco* (siehe S. 162), die man als Dip zu Brot verspeist; außerdem ist sie unverzichtbar zu gegrilltem wildem Knoblauch und als Dressing für *xato*, einen Salat aus Stockfisch und bitteren Salatblättern. In der gesamten Region gilt Knoblauch als Allheilmittel, das vom morgendlichen Kater bis hin zur Erkältung alles kuriert.

KRÄUTER UND GEWÜRZE

In der Epoche, als Andalusien von Bagdad aus regiert wurde, entwickelten die spanischen Köche eine Vorliebe für arabische Gewürze. Safran – die sonnengetrockneten Staubgefäße des *Crocus sativum*, einer violetten Krokusart des Mittelmeerraums – gedeiht auf dem Zentralplateau. Andere Gewürze wie Pfefferkörner, Kreuzkümmel, Muskat, Nelken und Zimt, die man zur Zeit der Kalifen aus dem Fernen Osten einführte, verschwanden vom Markt, als nach dem Zusammenbruch des muslimischen Reiches die Verbindungen zum Osten gekappt wurden. Die Katholischen Könige, Ferdinand von Aragonien und Isabella von Kastilien, suchten nach einer Lösung und fanden einen Ausländer, der versprach, einen neuen Seeweg nach Indien zu finden: 1492, im gleichen Jahr, als Granada fiel, setzte Christoph Kolumbus die Segel. Als seine drei Schiffe, die *Santa Maria*, die *Pinta* und die *Niña*, keines von ihnen größer als ein moderner Schlepper, die Neue Welt erreichten, gab es dort zwar nicht die bekannten Gewürze, dafür entdeckte man Schokolade, Vanille und vor allem Chilipfeffer. Chilischoten ersetzten fortan die Pfefferkörner, das wichtigste Gewürz der mittelalterlichen Küche; sie gaben jedem Gericht die erwünschte Schärfe und gediehen auch im Mittelmeerraum. In Spanien züchtete man im Laufe der Zeit auch milde rote Paprikaschoten und trocknete sie, ähnlich wie Serranoschinken, um sie in dieser Form klein zu zupfen und in Eintöpfe zu geben. Man konnte sie auch einweichen, das Fleisch von der Haut kratzen und es als Ersatz für den schwer zu gewinnenden und daher teuren Safran in Saucen verwenden. Außerdem lernte man, getrocknete rote Chilischoten, scharf oder mild, manchmal auch leicht geräuchert, zu mahlen und in Pulverform als *pimentón* zu lagern oder damit Chorizos und andere Schweinefleischprodukte zu würzen. Unter den frischen Kräutern ist Petersilie am wichtigsten, gefolgt von

Majoran, Thymian und Lorbeer in frischer oder getrockneter Form. In der Gegend von Granada kombiniert man Saubohnen mit Minze, in Sevilla gibt man Estragon in den Salat, und im Hügelland von Aracena ersetzt man Petersilie durch frischen Koriander, der sich sonst nirgendwo in Spanien großer Beliebtheit erfreut. Hier jedoch hielt er durch den Grenzhandel mit Portugal Einzug, wo Seeleute durch den Handel mit dem Orient auf den Geschmack gekommen waren. Minze und Kamille, *manzanilla*, sind die beliebtesten Grundzutaten für Kräutertees.

WEIN ZUM KOCHEN

Die kräftigen Rotweine von Valdepeñas und die leichteren, eleganteren Rioja-Weine werden für Wild- und andere deftige Fleischgerichte verwendet, doch die strohgelben, staubtrockenen Weißweine des Südens – Sherry, Manzanilla und Montilla-Weine – passen besser zu Öl und Knoblauch und verleihen Gerichten ihr typisch spanisches Aroma.

Solera-Methode: Weißwein ist zwar ein guter Ersatz, gibt Gerichten aber nicht den typisch rauchigen, eichigen und leicht metallischen Geschmack, der die nach der Solera-Methode produzierten Weine auszeichnet. Bei dieser Methode werden Weine eines Jahrgangs vorsichtig mit solchen des vorangegangenen Jahrgangs verschnitten. Der charakteristische Geschmack wird dabei zum einen durch die Trauben selbst, zum anderen durch das Aroma der Eichenfässer erzielt, in denen der Wein verschnitten und gelagert wird. Und natürlich spielt auch der Winzer eine Rolle, doch der Name steht für die Methode selbst.

Sherry: Sherry ist in Spanien stets trocken, niemals lieblich, es sei denn, er stammt aus Pedro-Ximénez-Trauben. Liebliche Sherrys – Bristol Cream und Ähnliche – werden künstlich gesüßt, um sie dem Geschmack der Importnationen anzupassen. Sherry verleiht der Brühe beim Pochieren von weißfleischigem

Fisch (Seehecht, Meerbrasse, Mönchsfisch, Tintenfisch) mehr Geschmack. Ein Schuss Sherry im Topf liefert genügend Dampf, um empfindliche zweischalige Muscheln wie Venus-, Mies- oder Schwertmuscheln zu öffnen, die nur eine ganz kurze Garzeit benötigen. In gebratenen Gerichten wie *pollo al ajillo,* in Olivenöl geschmortem Hähnchen (oder Kaninchen) mit Knoblauch, wird der Sherry erst am Schluss zugefügt, um das Fleisch saftiger zu machen und dem Knoblauch die Schärfe zu nehmen. Eine klare Brühe wie die *sopa de cuarto de hora* (Schinken-Ei-Suppe) ist ohne einen Schuss Sherry undenkbar. Der Brite Samuel Pepys übernahm diese Gewohnheit für seine Suppen zu einer Zeit, als der Sherryhandel seinen Höhepunkt erreichte. Ein Consommé mit Sherry ist und bleibt eine Erinnerung an die glanzvolle Zeit des British Empire und steht deshalb bis heute auf den Speisekarten in britischen Herrenclubs, bei Regimentsessen und wo auch immer echte Briten zusammenkommen, um ihren Nationalstolz zu pflegen.

Dessertweine: Dessertweine wie die süßen, goldfarbenen Weine von Valencia, die glänzenden, braunen Traubenweine von Málaga oder der sirupartige, schwarze Pedro-Ximénez-Sherry aus Jerez werden traditionell nicht am Ende einer Mahlzeit, sondern als Aperitif vorneweg getrunken. Die honigsüßen Weine aus Valencia eignen sich perfekt, um Orangendesserts zu aromatisieren, und Ximénez-Sherry passt wundervoll zu Schokolade, während Málaga-Weine saftigen Speisen Farbe, Tiefe und einen Hauch karamellartiger Süße verleihen. Dies gilt besonders für Eintöpfe auf *sofrito*-Basis, einer Mischung aus in Schmalz oder Olivenöl auf kleiner Flamme gebratenen Zwiebeln, die für die sanft gekochten Eintöpfe aus Katalonien und der Levante so typisch sind.

OLIVEN

Nach Auffassung der Spanier sind Oliven untrennbar mit Brot und Wein verknüpft – das eine ist ohne die anderen beiden unvollständig. In jeder Bar in der Olivenregion – mit Ausnahme der schlimmsten Touristenhochburgen – bekommt man kostenlos zum Wein einen kleinen Teller mit selbst eingelegten Oliven. Natürlich machen die salzigen Oliven durstig, außerdem bilden sie eine Grundlage im Magen, so dass der Gast sich nüchtern genug fühlt, um Getränke nachzuordern. Zum Verzehr bestimmte Oliven werden in Spanien grün und fest geerntet (oder etwas später, wenn sie eine leicht violette Färbung bekommen haben). Schwarze, reife Oliven verarbeitet man zu Öl. In Andalusien, der wichtigsten Olivenanbauregion, sind die Früchte seit langer Zeit ein wichtiger Exportartikel. Kommerzielle Olivenhändler aus Sevilla exportieren bis heute entkernte, gefüllte grüne Oliven in alle Welt. Die von dort stammenden schwarzen Oliven sind jedoch in der Regel nicht in der Sonne gereift, sondern wurden oxidiert. In Konsistenz und Geschmack unterscheiden sie sich daher deutlich von den schrumpligen, zähen Oliven der Provence oder den am Baum gereiften, in Salzlake eingelegten Oliven aus Italien und Griechenland.

MANDELN

Die Mauren pflanzten in Spanien Mandelhaine mit Bäumen aus dem Jordantal – die fruchtbare Ebene von Granada, die vom Schmelzwasser der Flüsse aus der Sierra Nevada gespeist wird, eignete sich aus ihrer Sicht ideal für die heiß geliebten Früchte. Mandeln sind deshalb bis heute in der spanischen Küche sowohl gemahlen als auch im Ganzen weit verbreitet, um Saucen anzudicken oder Zuckerwerk zuzubereiten. Zu Letzterem gehört *turrón*, ein köstliches Mandel-Honig-Naschwerk, das dem arabischen *halva* ähnelt. Es wird in und um Jijona in Alicante hergestellt und findet vor allem in der Weihnachtszeit Absatz. Auch Nougat, Marzipan und *polverones*, mit Zimt verfeinertes Schmalzgebäck, enthalten Mandeln.

SHERRYESSIG

Nicht jeder Kellermeister gibt gern zu, dass er auch Essig
produziert – schon gar nicht jene, die Weine mit der Solera-
Methode herstellen –, und die Weinhändler von Jerez behalten
ihre köstlichen Essige am liebsten für den Hausgebrauch, um
frische rohe Sardellen einzulegen oder Marinaden herzustellen.
Essig verlängerte früher, als man noch keine Kühlschränke
hatte, die Lebensdauer von verderblichem Essen wie gebratenem
Fisch oder frischem Schweinefleisch. Erst die italienischen
Balsamico-Essige, unvergorene Traubenabfälle, die zufällig
ebenfalls mit der Solera-Methode reiften, machten Spezialessige
handelstauglich. Sherryessig schmeckt kräftiger und säuerlicher
als Balsamico-Essig und wird am besten sparsam verwendet.
Um Salat anzumachen oder Mayonnaise zu würzen, sollte man
ihn in derselben Menge Wasser auflösen.

KÄSE

In Spanien gibt es eine breite Palette an Käsen, von *queso fresco*,
quarkähnlichem Frischkäse, den man gern mit Honig zum
Dessert isst, über raffinierte, lange gereifte, von blauen Adern
durchzogene Sorten wie Cabrales und Idiazabal aus Asturien bis
hin zu Kuhmilchkäse aus dem Baskenland. Käse ist die Haupt-
eiweißquelle der armen Landbevölkerung; er wird so, wie er ist,
gegessen und selten zum Kochen verwendet. Eine Ausnahme
bildet der weitläufig bekannte Manchego, ein reifer Hartkäse
aus Milch von Schafen aus La Mancha, dem spanischen
Hochplateau. Mit ihm würzt man manchmal Kroketten oder
bestreut Gratins, was jedoch eher auf französische Einflüsse als
auf spanische Traditionen zurückgehen dürfte.

BROT

Brot gehört seit Urzeiten zu den Grundnahrungsmitteln der spanischen Landbevölkerung. Traditionell wird es in trockener Hitze in alten Brotöfen gebacken und besteht aus ungebleichtem, mit Mahlsteinen zerkleinertem Mehl, Meersalz aus den Salzpfannen von Cádiz oder Mallorca und reinem Wasser aus den Quellgebieten der Flüsse, die die Kornfelder bewässerten. In ländlichen Gegenden gibt es in vielen *pueblos* noch immer einen Dorfbäcker, der Landbrot in der typisch rundlichen, gut zu transportierenden Form aus am Vortag angesetztem Teig backt.

Pan candeal: Das grobe, zähe und robuste Dinkelbrot *(pan candeal)* mit geschmeidiger, cremeweißer Krume und dicker, goldbrauner Kruste wird im Holzfeuer gebacken und nicht nach

Fast jeder lobt das vorzügliche spanische Brot. Der Laib ist sehr fest, doch ist das Brot geschmackvoller und süßer als sonst irgendeines auf der Welt. Ich glaube, das liegt daran, dass das Korn erst geerntet wird, wenn es voll ausgereift ist.

Gerald Brenan, *Südlich von Granada*

316

Größe, sondern nach Gewicht verkauft. Es wird nicht schimmelig, sondern trocknet aus und lässt sich dann als Grundlage für Brotpuddings und Suppen wie den ländlichen Gazpacho verwenden, eine Suppe, die man im Winter heiß und im Sommer kalt isst.

Migas: Zu den Verwertungsmöglichkeiten für trockenes Brot gehören auch *migas*, eingeweichte Stücke der Brotkrume, die in etwas Olivenöl gebraten und mit ein wenig Gemüse, Fleisch oder Fisch ähnlich wie Paella zubereitet werden.

Bolillo: Das beliebteste Stadtbrot ist der torpedoförmige *bolillo*, eine Brotrolle mit schneeweißer, dichter Krume und dicker, weicher, brauner Kruste. Die dicke kleine Rolle mit spitzen Enden sieht aus wie die Miniaturausgabe eines Landbrotes, passt mühelos in eine Faust und ist, mit einer Scheibe Serranoschinken oder Manchego-Käse belegt, eine beliebte Mittagsmahlzeit.

Saimaza: Die mallorquinische *saimaza*, ein Schmalzgebäck in Schneckenform mit Trockenfrüchten, gehört zu den spanischen Frühstücksbroten.

Churros: Die länglichen, in Fett ausgebackenen Teigstangen aus Brandteig werden an Straßenkiosken verkauft und zu einem dampfenden Kaffee oder süßer heißer Schokolade gegessen.

SCHMALZ

Manteca, reines Schweineschmalz, ersetzt beim Backen und in Eintöpfen und Saucen die Butter, die nicht zu den typischen Zutaten der spanischen Küche gehört. Schmalz gibt es in drei Geschmacksrichtungen: weiß für Gebäck und Kuchen, rot *(colorada)* mit Knoblauch, Kräutern und Paprika für Bohneneintöpfe und paprikafarben mit kleinen Fleischstückchen, ähnlich wie französische Rillettes (Schmalzfleisch), als Brotaufstrich.

Der erste Eindruck [eines spanischen Marktes] war ein fast verwirrendes Gefühl von der Überfülle natürlicher Kräfte. Aufgehäuft auf dem Boden, zu beiden Seiten der niedrigen Stände herausragend und aus großen Körben quellend, lagen Fische aller Art ... jede Sorte, die ich je gesehen hatte, und dazu viele weitere, die ich nicht kannte –

*Schwertfische, Teufelsfische und Tintenfische
in seltsamen Formen und gewaltigen Größen.
Im Obergeschoss gab es Unmengen Gemüse,
manches leuchtete knallbunt in der Sonne.
Wenn die Frauen ihre großen Körbe hinauf-
und hinuntertrugen, klirrte die Luft in rauen
Tönen und zitterte in leuchtenden Farben.*

Christina Gascoigne Hartley, *Spain Revisited*

Umrechnungstabellen

Benutzen Sie diese Tabellen als Hilfe, um Zutaten auch ohne Küchen-
waage und Messbecher abmessen zu können. Die Hohlmaße sind
Standard, das Gewicht variiert je nach Dichte der Zutaten. Deshalb
können die Angaben dieser Tabellen nur als Orientierung dienen.

TEE- UND ESSLÖFFEL	
Wenn nicht anders angegeben, sind gestrichene TL und EL gemeint.	
¼ TL	1,25 ml
½ TL	2,5 ml
1 TL	5 ml
1 EL	15 ml

HOHLMASSE		
Milliliter (Kubikzentimeter)	**Deziliter**	**Zentiliter**
60 ml (ccm)	0,6 dl	6 cl
250 ml (ccm)	2,5 dl	25 cl
300 ml (ccm)	3 dl	30 cl
350 ml (ccm)	3,5 dl	35 cl
400 ml (ccm)	4 dl	40 cl
500 ml (ccm)	5 dl	50 cl
600 ml (ccm)	6 dl	60 cl
750 ml (ccm)	7,5 dl	75 cl
1 l	10 dl	100 cl

GEWICHTE			
Gramm	**Deka(gramm)**	**Gramm**	**Deka(gramm)**
100 g	10 dk(g)	500 g	50 dk(g)
175 g	17,5 dk(g)	600 g	60 dk(g)
200 g	20 dk(g)	750 g	75 dk(g)
350 g	35 dk(g)	800 g	80 dk(g)
450 g	45 dk(g)	1 kg	100 dk(g)

TEMPERATUREN

Elektroherd in °C	Gasherd mit 6 Stufen	Gasherd mit 9 Stufen
110	¼	¼
120	½	½
140	1	1
150	2	2
170	2–3	3
180	3	4
190	3–4	5
200	4	6
220	5	7
230	5–6	8
240	6	9

GRUNDZUTATEN

1 EL (gehäuft) / 1 EL (gestrichen) / 1 TL

Butter Margarine	25 g / 15 g / 6 g
Gratinkäse, gerieben	15 g / 10 g / 3 g
Parmesankäse, gerieben	12 g / 8 g / 3 g
Frischkäse, Ricotta	20 g / 10 g / 5 g
Mehl	15 g / 10 g / 3 g
Semmelbrösel	12 g / 8 g / 3 g
Reis	15 g / 10 g / 4 g
Salz	20 g / 10 g / 5 g
Nüsse, Mandeln (gemahlen)	16 g / 8 g / 3 g
Nüsse, Mandeln (gehackt)	20 g / 10 g / 5 g
Milch	– / 15 ml / 5 ml
Sahne	– / 15 ml / 5 ml
Honig	25 ml / 14 ml / 4 ml
Zucker	20 g / 10 g / 5 g
Puderzucker	15 g / 10 g / 3 g

Literaturverzeichnis

Andrews, Colman: *Catalan Cooking* (Grub Street, 1997)
Aranda, Antonio Garrido (Hg.): *Cultura Alimentaria Andalucía-América* (Mexiko, 1996)
Aris, Pepita: *The Spanishwoman's Kitchen* (Seven Dials, 1999)
Borrow, George: *The Bible in Spain* (London, 1843)
Brenan, Gerald: *Südlich von Granada* (Winfried Jenior, 1957)
Calera, Ana Maria: *Cocina Valenciana* (Madrid, 1983)
Casas, Penelope: *The Foods and Wines of Spain* (New York, 1982)
David, Elizabeth: *Mediterranean Food* (London, 1950)
Davidson, Alan: *North Atlantic Seafood* (Macmillan, 1979) und *Mediterranean Seafood* (Penguin, 1981)
Davis, Irving: *A Catalan Cookery Book* (Prospect 1999)
Epton, Nina: *Grapes and Granite* (Cassell, London, 1956)
Feibleman, Peter: *The Cooking of Spain and Portugal* (Time Life, 1970)
Fernandez de Alpeiri, Sofia: *Cocina y Gastronomía de Castilla y Leon* (Madrid, 1995)
Ford, Richard: *Gatherings From Spain* (London, 1846)
Fraser, Ronald: *The Pueblo* (London, 1973)
Graves, Lucia: *A Woman Unknown, Voices from a Spanish Life* (Virago, 1999)
Graves, Tomas: *Bread and Oil* (Prospect, 2000)
Gray, Patience: *Honey from a Weed* (Prospect, 1986)
Hartley, Christina Gascoigne: *Spain Revisited* (London, 1911)
Helou, Anissa: *Mediterranean Street Food* (Harper Collins, 2002)
Hemingway, Ernest: *Fiesta* (Rowohlt, 2003)
Hensbergen, Gijs van: *A Taste of Castile* (London, 1992)
Hinde, Thomas: *Spain: a personal anthology* (Newnes, London, 1963)

Howells, W. D.: *Familiar Spanish Travels* (New York, 1913)

Howson, Gerald: *The Flamencos of Cadiz Bay* (Hutchison, 1965)

Jenkins, Nancy Harmon: *The Essential Mediterranean* (Harper Collins, 2003)

Lladonosa Giro, Josep: *Cocina Catalana* (Barcelona, 1992)

Luard, Elisabeth: *The Flavours of Andalucia* (Collins & Brown, 1991), *La Ina Book of Tapas* (London, 1989), *Die Küche Spaniens und Portugals* (München, 2005)

Luard, Nicholas: *Andalucia* (London, 1984)

March, Lourdes: *El libro de la paella y los arroces* (Madrid, 1985)

Mendel, Janet: *Cooking in Spain* (Málaga, 1992)

Millo Casas, Lorenzo: *Discurso sobre los orígenes de la paella* (Valencia, 1987)

Ortiz, Elisabeth Lambert: *The Food of Spain and Portugal* (London, 1989)

Pascual, Carlos: *Guía Gastronómica de España* (Madrid 1977)

Pitt-Rivers, Julian: *The People of the Sierra* (London, 1954)

Porhen, Donn: *The Wines and Folk Food of Spain* (Sevilla, 1972)

Salazar, Valentin & Aurelio: *Setas comestibles del país vasco* (Vitoria, 1985)

Sección Femenina de Movimiento (Hg.): *Cocina Regional Española* (Madrid, 1976)

Semler, George: *Barcelona walks* (New York, 1992)

Sevilla, Maria José: *Life and Food in the Basque Country* (London, 1989)

Rezeptverzeichnis

Gesamtregister

Danksagung

Allen, die mir während der Zeit, als ich in meiner wunderbaren Wahlheimat lebte und reiste, etwas beibrachten und mir Gesellschaft leisteten, schulde ich Dank – besonders Betty Molesworth, Allen, Vicky und Joaquín Cervera, Juan Carlos Barbadillo, Ana und Maria Lobato Ortega, Cristi Lieb, Venetia Parkes, Lorenzo und Clara Larios, Paz Lerma, George und Veronica Lowe, Milet Delme Radcliffe, Maria José Sevilla, Sandi Wadsworth sowie Mark und Priscilla White. Mein Dank gilt auch meinem Mann Nicholas und unseren Kindern Caspar, Francesca, Poppy und Honey, die während unserer Jahre in Spanien an meiner Seite waren und die mir mit Geduld und Toleranz mitteilten, was sie in der Schule und anderswo lernten. Ich danke allen, die mir gestatteten, an ihrem Tisch zu essen oder ihnen beim Kochen zuzusehen, und die die Mühe auf sich nahmen, die dummen Fragen zu beantworten, die Kochbuchautoren stellen – wenn sie genau wissen wollen, wie etwas getan wird, das man schon sein ganzes Leben lang tut, ohne darüber nachzudenken. Ich danke meinem Literaturagenten Abner Stein, mit dem ich viele Male gut gespeist habe und der mir stets mit gutem Rat beisteht – ich nehme ihn übrigens meistens an.

Elisabeth Luard hat für ihre einzigartige, intelligente und engagierte Art, über Essen und Kochen zu schreiben, zahlreiche Preise erhalten. Gastrokritiker und Schriftsteller feiern sie international als neue Elizabeth David und Chefköchin der Extraklasse. Nach der Veröffentlichung ihres Buches *European Peasant Cookery* bezeichnete Mark Bittman Elisabeth Luard in der »New York Times« als »die Beste, wenn es darum geht, die Küche des Notwendigen« im ländlichen Europa zu beschreiben.

Sie hat über ein Dutzend Kochbücher veröffentlicht, darunter *Classic Cooking: Die Küche Frankreichs* sowie *Die Küche Spaniens und Portugals* (beide bei der Collection Rolf Heyne erschienen), außerdem *Sacred Food,* für das sie 2001 mit dem Gourmand World Cook Book Award ausgezeichnet wurde. Sie tritt häufig bei BBC auf und schreibt für Waitrose Food Illustrated.